本书由北京第二外国语学院出版基金资助出版　特此鸣谢

国家文化贸易学术研究平台
首都对外文化贸易研究基地
学术论丛

中国文化贸易的经济学解释研究

程相宾 著

AN ECONOMIC
INTERPRETATION OF
CHINA'S CULTURAL TRADE

社会科学文献出版社
SOCIAL SCIENCES ACADEMIC PRESS (CHINA)

数的测算，指出了国别文化贸易的结构特点和我国文化贸易结构的改进空间。

　　作者撰写此书，希望能为文化贸易的学术研究贡献一点微薄之力。然而由于时间关系和学识有限，本书所涉及的观点、资料、数据难免会有不够完善或不妥之处，敬请读者多提批评意见和建设性建议，以便日后完善。

前　言

随着全球文化经济一体化进程的加快，文化贸易作为国际贸易的重要组成部分，使文化产品和服务流转于不同的国家和地区。文化贸易具有文化和经济的双重意义，不同于传统的商品贸易，文化贸易具有极高的精神价值和社会价值，会对整个国家的文化理念、行为习惯以及价值观念产生极大的影响，这种影响对于增强贸易竞争力、国家软实力以及经济高质量发展都有重大意义。2010年，中国成为世界第二大经济体、世界最大贸易国以及第一大文化产品出口国，但是文化产品和服务的出口规模却只占贸易总量的3%，尤其是在文化服务出口方面，我国和西方发达国家还存在很大的差距。因此，逐步强化通过文化贸易的方式将中国优秀的文化产品和服务推向世界，是我国提升"文化自信"的重要途径，也是当前国家、社会以及学术界共同关注的话题。

本书围绕文化贸易的经济学解释框架进行系统研究，综合运用国际经济学、产业经济学、文化经济学的相关理论与方法，勾勒出近15年来中国及世界文化贸易发展的主要轮廓和现状，从而发现问题，并提出相应的对策建议。本书对国内外不同文化贸易的统计框架进行了比较和分析，系统介绍了文化贸易的相关经济学理论框架，详细介绍了中国文化贸易的发展历史和现状，并基于VAR模型分别检验了文化产品和服务的进出口与中国经济增长之间的双向因果关系，对于世界主要文化贸易大国进行了国际市场占有率、贸易竞争力指数和显示性比较优势指

目 录

第一章 绪 论 …………………………………………………… 1

第二章 文化产业及文化贸易概述 …………………………… 4
 一 文化产业的定义及分类 ………………………………… 4
 二 国际文化贸易的定义 …………………………………… 6
 三 文化贸易的发展及特点 ………………………………… 8

第三章 文化产品和服务的经济学基础理论 ………………… 14
 一 文化生产 ………………………………………………… 14
 二 文化商品消费理论 ……………………………………… 18
 三 文化市场理论 …………………………………………… 21

第四章 文化贸易的国际经济学基础理论 …………………… 25
 一 古典贸易理论在文化贸易中的适用性 ……………… 25
 二 新贸易理论在文化贸易中的适用性 ………………… 28

第五章 中国文化贸易发展历程与现状 ……………………… 37
 一 中国文化贸易发展历程 ………………………………… 37
 二 中国文化贸易发展现状 ………………………………… 40
 三 计量模型 ………………………………………………… 52

第六章　文化贸易理论视角下我国民族文化产业快速发展的对策研究 …… 57
   一　问题的提出 …… 57
   二　民族文化产业发展特征和存在的问题 …… 59
   三　文化贸易理论视角下的对策和建议 …… 62

第七章　文化贸易国际比较研究 …… 67
   一　文化贸易的国际统计标准 …… 68
   二　北美的国际文化贸易（美国） …… 70
   三　欧洲的国际文化贸易（英、法、德） …… 75
   四　东亚的国际文化贸易（中、日、韩） …… 82
   五　国际比较 …… 89

第八章　研究结论与相关建议 …… 96
   一　研究结论 …… 96
   二　相关建议 …… 98

参考文献 …… 106

附录1　2017～2018年度国家文化出口重点项目名单 …… 116

附录2　《文化及相关产业分类》新旧对照表 …… 121

后　记 …… 133

第一章
绪 论

随着信息技术的发展与跨国资本的流动，全球文化经济一体化的进程不断加速，使得社会文化、经济结构发生剧烈变迁。文化产业已经成为高科技产业与生产服务业之外的第三大新时代产业，对世界经济发展起到了至关重要的促进作用。文化经济化正逐渐成为文化经济一体化的时代主流，国际文化贸易作为国际贸易与世界经济的重要组成部分，其经济和文化的双重战略意义日益显著。世界知识产权组织的最新数据显示，2013年，各国文化产业增加值占GDP的比重平均为5.26%，其中，美国最高，达11.3%，韩国、巴西、澳大利亚、新加坡和俄罗斯均超过6%。我国文化产业增加值占GDP的比重在2016年仅为4.14%，与"文化大国"还有一定的差距。

中国拥有规模庞大的文化市场，为文化产业的发展和文化产业的对外贸易提供了良好的基础。随着全球文化经济一体化进程的进一步推进以及国际贸易额的不断增加，文化贸易的重要性也与日俱增。从某种意义上讲，对外文化贸易不仅包含经济层面的意义，还包含国家战略层面的深刻含义。在中央关于深化文化体制改革和振兴文化产业各项举措的引领下，我国文化产业进入了快速发展的新时期，对我国对外经贸合作发挥了重要的引领作用。《文化部"一带一路"文化发展行动计划（2016—2020年）》作为"一带一路"文化建设的路线图，指出不同国家文化之间的相互交流借鉴需要以具体项目的形式作为传递输出的渠道，为我国大力发展文化贸易与文化产业项目合作奠定了良好的基础。

我国"十三五"规划纲要提出"十三五"期间要实现"公共文化服务体系基本建成，文化产业成为国民经济支柱性产业"的目标，表明我国在下一阶段大力推动文化产业发展的决心和信心。党的十九大报告将"把人民对美好生活的向往作为奋斗目标"作为战略取向，并判断"我国社会主要矛盾已经转化为人民日益增长的美好生活需要和不平衡不充分的发展之间的矛盾"。在这样的大背景下，如何通过文化产业的改革创新、优化发展，不断满足人民对美好生活的需要，不断满足人的全面发展的需要，是我国文化产业发展所面临的方向性问题。

文化贸易传递着具有不同文化特征和价值观的文化产品与服务，具有经济和文化双重属性，对于世界社会经济发展具有强大的整体效应。20世纪末以来，国际文化贸易和全球经济发展相互交织，文化服务、知识版权、信息技术等第三产业占现代经济的比重不断增大，同时，文化贸易在国际文化交流中的作用不断上升。一方面，国际文化贸易在世界经济一体化进程中起到了桥梁作用，世界各国需要通过文化的柔性沟通来增进了解、增强互信；另一方面，国际文化贸易需要以世界经济发展作为基础，深受全球经济持续发展的拉动。文化贸易的经济效应加快了经济学界对文化资本的肯定，越来越多的经济学研究将文化资本作为人力资本培养与积累，认为其对经济的可持续增长起到了重要作用。

在全球化竞争的大趋势下，文化服务贸易在国际竞争力以及影响力上要比单一的文化产品贸易大很多。然而，我国文化出口产业链较为低端、产品结构不完整、企业专注于国内市场使我国文化贸易的国际影响力较小。为了推动我国文化贸易的快速发展，需要对文化贸易的理论基础和现实状况进行充分研究，并对我国的文化贸易现状和存在的问题有准确的把握。同时，系统地研究世界主要文化贸易大国的特点，探索我国文化出口贸易的新机制，对于提升我国文化贸易的国际竞争力和影响力至关重要。

第一章 绪 论

本书分为以下四个主要部分。

第一,从经济学的视角构建文化贸易的经济学理论基础。本部分将从文化产品或服务的生产、消费以及市场原理进行解释,同时对文化产品或服务的经济学特殊性加以说明。另外,本书通过国际贸易理论分析文化贸易的适用性,从不同国际贸易理论的维度对国际文化贸易加以说明,为解释文化贸易寻找最有力的贸易理论支持。

第二,中国文化贸易的发展现状分析。通过对我国改革开放40多年来的文化贸易发展现状进行梳理与分析,从文化产业市场规模到文化贸易特征及结构等进行全面梳理,得出中国文化贸易的发展现状、演变特征以及对经济发展的影响。

第三,在文化贸易的视角下,就我国民族文化产业的发展提出研究对策,指出文化贸易对边疆民族地区经济变革、产业升级、增加就业等方面具有重要意义。同时针对我国民族地区文化产业基础薄弱,文化产业区域发展不合理,产业创新不足,产业内向化、同质化严重等问题提出相应的对策建议,尽可能依托文化贸易完成民族文化产业的升级和战略转向。

第四,各国文化贸易竞争力比较。通过横向比较研究世界主要的文化贸易大国美国、欧洲三国(英、法、德)、东亚三国(中、日、韩)的文化产品与服务的出口竞争力,分析文化贸易在不同国家及地区的竞争力差别,指出我国文化贸易存在的问题并找出解决办法。

第二章
文化产业及文化贸易概述

一 文化产业的定义及分类

文化的定义非常广泛，不同领域的学者从不同的维度定义什么是文化。在这些文化概念中，我们可以分出两个层次：一是社会意义上的文化，指社会中长期普遍的行为模式和行为的实际规范；二是个人行为意义上的文化，指个人必须习得的相应的文化要素。总的来说，文化不仅是社会存在的一种反映，而且是对所有人类行为的技术、社会和价值取向的解释，是人与自然、人与社会、人与人之间关系的体现。同时，随着时间的推移，文化是可以学习、传承和发展的。随着文化经济活动的发展，一些学者开始关注文化在经济领域的实践。文化经济活动中，文化是一种能带来经济效益、提高人民生活质量的生产要素或者消费行为。在研究具体的对外文化贸易时，了解贸易国家的文化产业基础是必经之路，因此熟悉世界各国及相关组织对文化产业的定义以及囊括范围具有很强的指导意义。

联合国教科文组织在1972年蒙特利尔会议上给出文化产业的定义，其中主要包括两点：一是文化产业包括文化产品和服务的生产与交换，二是文化产品和服务的生产采取的是工业化模式。结合我国的实际情况，国家统计局发布的《文化及相关产业分类（2012）》将文化产业定义为：为社会公众提供文化、娱乐产品和服务的活动，以及与这些活动有关联的活动的集合。文化产业具体由十大类文化产品和服务组成，其中核心层包括新闻服务、出版发行、广播影视，外围层包括文化艺术服务、网络文化服务和文化休闲娱乐服务，相关文化产业层有文化用品、设备及相关文化产品的生产及销售。

随着人们对文化产业的认识不断加深，更有学者指出，文化即经济，经济即文化，逐渐发展成为"文化经济一体化"的学界共识（Throsby，2003）。在世界范围内，文化产业的定义虽都围绕着文化产品与服务的生产和交换，但是对文化产业尚没有世界范围内统一的定义和统计标准。美国将文化产业视为版权产业，包括语言、传统、信仰和价值观的全球传播，其中艺术文化生产包括创意艺术生产活动、由文化创意产生的商品和服务、为文化创意生产提供支持的活动以及为文化创意生产所建设的场馆。欧盟的文化、传媒、体育部将文化创意产业定义为通过人类最初的创意，开发知识产权，使其拥有对财富及工作进行创新创造潜力的活动。根据文化活动的功能，欧盟将文化产业分为创意产业、生产和出版、传播和贸易、文化保护、教育、文化产业管理六方面。英国将文化创意产业分为九类：广告和市场，建筑，工艺品，设计，电影、电视、广播、录像和摄影，IT、软件和计算机服务，出版，博物馆、画廊、图书馆，音乐、表演艺术及其他可视艺术。联合国教科文组织将文化产业定义为拥有或传递文化，无关商业价值的一系列活动、商品和服务。

从不同的分类标准能够清楚地看出不同国家文化产业发展的情况各有不同。美、英、欧盟等发达国家和地区的文化产业基本全为第三产业，而我国的文化及其相关产业中包括文化用品、机器生产等制造业的内容。由此看出，我国的文化产业仍处于初步发展阶段，文化传播影响力较小。此外，相较于发达国家，我国的文化产业在管理、保护方面仍然比较欠缺。欧美发达国家文化产业的主要组成部分为博物馆、工艺设计、文创产业、视听产品等影响力大、传播性强的文化活动，而我国的文化产业大类多为休闲娱乐、表演艺术等大众休闲文化。要促进我国文化产业发展，应当促进我国文化产业由第二产业、第三产业兼具逐步向以第三产业为主发展，加强我国文化产业的相应管理以及知识产权的保护，培育我国独特的文化标志，增强我国文化产业的竞争力。

二　国际文化贸易的定义

文化贸易的形成基于第二次世界大战后和平时期文化产业的快速发展以及全球贸易一体化的逐渐显现。国际文化博览会、知识产权交易、文化产品及服务贸易、国际创意产业园区等兼具文化与经济功能的发展模式在世界范围内得到快速推广。但是，每个民族和国家，都有其特定的文化，即文化多样性的呈现。文化多样性是不同民族在历史发展中客观形成的，也是一个民族继续生存下去的关键，同时也给文化的定义增加了难度。然而，在全球文化经济一体化的浪潮下，全球文化趋同趋势明显加快，在文化自由贸易理论快速传播的同时，文化多样性理论应运而生。英、美等国作为世界范围内的文化"霸主"，大力支持文化自由贸易，而法国、中国、印度等拥有较为深厚历史文化的大国，提出文化多样性理论和文化例外原则来保护本国特有的文化产业。

联合国教科文组织、联合国贸易和发展会议都给出了关于文化产品及文化服务贸易的定义，但关于国际文化贸易的定义，国内外学者及业内人士的说法不一，到目前为止，仍没有一个一致性的描述。因为有的文化贸易具备产品与服务的双重性，这往往是根据它们的存储介质与运输方式来判断，不是一概而论的（李小牧，2014）。Grasstek（2005）认为文化贸易可被定义为能生产或分配物质资源的产品和服务，这些产品和服务能通过音乐、文学、戏剧、舞蹈、绘画、摄像和雕塑等艺术形式娱乐大众或激发人们思考。国内学者一般认为，文化贸易主要指与知识产权有关的文化产品和文化服务的贸易活动，是国际贸易的重要组成部分。王婧（2015）认为文化产品不仅具有商品属性，同时也具有精神和意识形态属性。它既包括纸质出版物（图书、期刊、报纸）、工艺品（艺术品）、多媒体产品和录音（像）带等有形产品，也包括版税、关税、电视节目、艺术表演、娱乐等无形服务的国际贸易。李小牧、李嘉珊（2007）指出国际文化贸易是指国家间文化产品与文化服务的输入与输出，或文化产业的对外贸易，即发生国际收支行为的文化产业经营活动。

根据联合国教科文组织的《文化统计框架2009》，狭义上文化贸易包括文化和自然遗产、表演和庆典、可视艺术和手工艺、图书和出版、音像和互动媒体、设计和创意服务六大类，广义上还包括体育、教育、旅游、娱乐等领域。联合国贸易和发展会议将文化贸易定义为创意商品和创意服务贸易，详见表2-1。总体上看，对于文化贸易的概念内涵

表2-1 文化贸易领域分类

	文化贸易领域分类			文化贸易领域分类
联合国教科文组织	文化领域	A. 文化和自然遗产	联合国贸易和发展会议	手工艺品
		B. 表演和庆典		视听产品
		C. 可视艺术和手工艺		设计
		D. 图书和出版	创意商品	新媒体
		E. 音像和互动媒体		表演艺术
		F. 设计和创意服务		出版物
	相关领域	G. 旅游		视觉艺术
		H. 体育和休闲		广告、市场调查和民意调查
	横向领域	非物质文化遗产		建筑、工程和其他技术服务
		口头流传和表达、仪式、语言、社会习俗		研究和开发
		教育培训	创意服务	个人、文化及娱乐服务
		存档服务		视听和相关服务
		设备和支持材料		其他个人、文化和娱乐服务

资料来源：联合国教科文组织《文化统计框架2009》，联合国贸易和发展会议《创意经济报告2010》。

国内外较为一致认同的说法是，国际文化贸易是指国际文化产品与服务的输入和输出的贸易方式，是国际服务贸易中的重要组成部分。目前全球的服务业占世界 GDP 的比重已经高达 68%。随着全球服务贸易的迅速发展，全球的文化贸易发展也进入了新阶段。

三 文化贸易的发展及特点

（一）文化贸易理论的发展

由于长久以来，关于文化贸易的研究一直游离于主流经济学之外，所以尽管文化贸易自一开始便贯穿于国际贸易中，但是对于文化贸易的相关理论研究直到 20 世纪末才开始进入国内外学者的视野。就古典经济理论而言，文化并非经济学家的主要考虑因素之一，尤其对数理经济学派而言，文化因素实在太难以量化分析。但是，从经济学发展的角度来看，文化产品与服务传递着特定的文化特征和价值观，具有经济和文化双重性质，对于社会经济的发展具有加速资本流动、促进产业整合的重要作用。Hoskins 等（1988）从经济学角度出发，从文化资本、文化折扣、文化例外等方面探讨文化产品生产与消费对国家和地区竞争优势和竞争力的影响。李怀亮（2013）指出文化贸易的产生其实是一种文化交流现象，文化贸易的本质是为了促进不同国家和地区之间的文化交流和文化融合，从而为满足各国人民的文化需求创造出符合其特点的文化产品和服务出来。李小牧、李嘉珊（2007）进一步指出，文化贸易是国际贸易的重要组成部分，文化产品属于产品贸易范畴，文化服务属于服务贸易范畴。

现代经济学的发展和文化是紧密联系的，正是人们不断地打破旧的文化和制度，寻找对人类社会发展最有效的文化和制度，使得经济学理论不断发展完善，这种优胜劣汰的过程，就是不断创新的过程。经济增长依赖于人们对财富、创造性、冒险精神和工作的态度，不同的文化、社会发展程度以及宗教信仰会导致人们对资源利用的不同态度，从而影响经济的发展（Towse，2010）。然而，在全球文化经济一体化的背景下，经济生产率在不断地提高，但是文化的多样性正在慢慢消失。Marvasti（1994）通过对国际文化贸易的实证研究认为美国等文化大国可以通过电影、音乐、书籍和期刊的出口对世界其他国家的政治产生间接影响，这种影响甚至比直接的政治干预效果更好。同时，Singhl 和 Shilpa（2007）认为发展中国家可以利用对外文化贸易出口提高它们的政治地位。

就我国文化贸易结构的研究而言，朱文静、顾江（2010）利用 1997~2008 年我国文化贸易的相关数据，对我国文化出口贸易结构的变迁进行了实证研究。他们认为我国文化贸易的商品结构长期以来以文化产品为主，文化服务贸易中传统文化服务增速较快，高附加值的文化服务类产品出口比例很小，并提出我国文化贸易存在结构不合理、文化服务贸易发展滞后、贸易方向过于集中、文化贸易的经济动力作用发挥不足等问题。李薇和李兆青（2010）利用 1996~2009 年的数据构建协整和误差修正模型，分析了文化贸易和中国经济增长之间的关系，提出文化贸易进口、出口与经济增长之间均存在长期稳定的均衡关系，且文化贸易出口是经济增长的格兰杰原因。

此外，国内部分学者还围绕我国文化产业"走出去"的方略与路径进行了分析和探讨，如李嘉珊（2008）、杨吉华（2008）、王海文（2010）、郭新茹等（2010）、范玉刚（2018）等学者的研究指出，尽管我国文化贸易在总量上呈现不断提高、不断扩大的良好态势，但是在内部结构上却存在结构单一、渠道狭窄、配套欠缺、人才储备不足等问题。这在很大程度上限制了我国文化贸易的又快又好发展。这些学者的研究结论也相似，普遍提出为了推动中国文化贸易"走出去"，提升中国文化贸易"走出去"的效果，来自政府的政策保护和扶持、坚持创新导向的文化生产方式和资源整合方式是十分必要的，这离不开国家从战略层面进一步推动和深化文化体制机制改革，为出口型文化企业打造良好的融资体系，培养和打造一支素质复合、技术过硬的人才队伍。

（二）文化贸易的特点

1. 文化贸易标的的特殊性

文化贸易标的内容丰富，往往是实物性与虚拟性相结合，即同时具有精神属性和商品属性。文化贸易标的在一定范围内影响着受众的思想和价值取向，例如，我国的传统绘画，很大程度上是受中国传统"儒""道"思想的影响，在相当长的时间里影响着我国民众的思维习惯与价值取向，而且对世界许多国家有着深远的影响。同时，文化贸易既涉及文化产品贸易，又涉及文化服务贸易，如图书、音乐、影视剧等方面的内容。

在文化产业和文化产品的发展中，公共文化产品作为一种特殊的物品形态而存在，例如，博物馆、图书馆、文化广场、雕塑、历史文化遗产等展现国家文化形象、保护文化遗产、传承文化精神的文化产品和服务具有极强的公共性特点，一般无法通过市场机制获得相应的效益，需要政府提供支持。很多可以进行贸易的文化产品和服务也具有一定的公共性特点，如民族戏曲广播、有限电视节目，存在一定的排他性，却带有一定的非竞争性，往往需要先付费才能使用，但是无法影响他人的使用。因此，文化贸易的标的往往需要克服其自身的公共性，同时也凸显了知识版权保护在文化贸易中的重要性。

2. 文化贸易的溢出性

文化产品和文化服务传达着特有的价值观念和生活方式，是极具个性化的产品和服务。文化产品和服务的消费不仅具有消费者所需要的效用，而且会改变消费者的价值观，甚至消费习惯，从而给社会带来一定的影响。

文化产业是技术、经济和文化等相互交融的产物，尤其是数字技术和艺术的交融,可以说是技术产业化和文化产业化发展的结果。文化与旅游、文化与金融以及文化与互联网都有紧密的结合。这种文化与其他产业的相互融合使文化的传播速度不断加快,几乎渗透到了所有的产业和贸易领域,使得文化产品和服务的可贸易性进一步提高。因此,国际文化贸易不仅在文化领域内交叉渗透,而且与其他行业也有高度的交融性,带动了科技、制造、媒体、金融等其他行业的发展。

3. 文化贸易的垄断性

少数发达国家依靠其自身的经济、技术、文化资源等优势,在国际文化贸易中占有绝对优势。例如,美国的电影出口、英国的纪录片出口、韩国的综艺节目出口,都已经发展成为各自文化贸易的标签。2008年全球金融危机之后各经济体呈现发展不均的现象,也就是说文化贸易成为一些国家的优势出口项目,却是另一些国家的短板所在。根据联合国教科文组织提供的数据,文化服务贸易在美国、英国呈现贸易顺差,在其他国家存在严重的贸易逆差;文化产品的贸易流动主要发生在发达经济体之间,文化产品的最大需求也集中在北美、欧洲和东亚。2010年中国成为世界上最大的文化产品出口国,美国、印度、土耳其紧随其后,但撒哈拉以南非洲、加勒比海和阿拉伯地区等低收入国家在国际文化商品流动中微不足道,这就形成了发展较快经济体文化贸易的垄断性。因此,加强文化贸易的南南合作,缓解文化贸易发展的区域不平衡,促进低等收入经济体和不发达经济体的文化商品流动和文化服务刻不容缓。

4. 文化贸易统计的复杂性

文化贸易统计的复杂性体现在文化贸易概念内涵的复杂性、文化贸易统计框架的复杂性以及文化贸易统计标准的复杂性上。现有研究对文化贸易的定义和分类不一,有学者提出文化贸易是与知识产权密切相关的贸易;有学者认为文化产品贸易是一种特殊性的贸易;还有"文化有形与无形""商品与服务""硬件和软件"的争论。文化贸易统计在国际上有联合国教科文组织和联合国贸易和发展会议两种框架，前者将文化贸易定义为文化产品和文化服务，后者将文化贸易定义为创意经济，分为创意商品和创意服务，创意的概念要大于文化的概念，这也导致了两者统计数据的范围不同。国际上文化贸易统计标准是使用海关编码协调制度（HS）中的产品总分类（CPC），但文化产品并无单独分类统计，而是散落在HS编码中99分类中的各个角落，而文化服务的统计标准使用扩大的国际收支服务分类（EBOPS），各项服务的统计数据大量缺失并具有技术上的局限性。

文化贸易概念、文化贸易统计框架和文化贸易统计标准的复杂性体现在"难界定、难协调、难调整"上，因此如何正确有效地界定文化贸易的概念内涵、统一文化贸易的统计框架、调整文化贸易的统计标准，使之不仅能够反映出国内文化贸易的发展现状，还能够进行国别比较，以便客观、准确地研判出我国文化贸易在国际贸易中的地位和发展方向，显得尤为重要。

5. 文化贸易的例外性

文化贸易除了具有经济价值之外，更重要的是具有文化价值，因此并不是所有国家和地区都对文化贸易持开放态度。当前，全球范围内形成了以美国、英国为首的主张文化自由主义贸易政策的阵营以及以加拿大、法国、印度为首的主张文化保护主义贸易政策的阵营。前者认为文化商品的贸易与普通商品一样，不应该进行区别对待，认为WTO有关自由贸易的协定和规则同样适用于文化商品；后者则认为文化贸易有其特殊性，与普通商品不一样，会对一个国家和地区居民的文化理念、行为习惯、风俗习惯等产生重要影响，进口国当地的文化及其生态可能会由于国外文化产品和服务的进口而被破坏（Hellmanzik & Schmitz, 2016）。

在自由贸易对文化多样性的影响方面，Sauve和Steinfatt（2000）发现诸如美国这样的超级大国能够利用自身在技术、资本、渠道等方面的强势地位逼迫小国接受自己的文化产品和服务，从而对小国自身的文化产品和服务造成挤压甚至完全取代。因此从保护文化多样性的角度出发，小国的文化产业及其本地文化生态，需要得到政策保护。Rauch 和 Trindade（2009）指出自由贸易政策不能应用于文化贸易，因为自由贸易会带来文化产品种类和质量的下降。本地市场规模较小的国家如果采取包括补贴在内的文化保护政策，其实有利于世界各国共同福利水平的提升。Janeba（2007）提出文化贸易行为实质上是一种基于文化产品交换的文化认同行为，个人的主观认同会对个人效用水平产生重要影响。自由贸易会导致国家之间文化的趋同，并且导致贸易伙伴之间的文化多样性逐渐减弱，因而并不会导致帕累托最优。国内学者如张宏伟（2011）、刘建华（2012）等针对文化贸易的研究，也认为传统国际文化贸易理论并不适用于文化贸易领域，即有关文化贸易的研究需要坚持"文化例外"原则。

第三章
文化产品和服务的经济学基础理论

一 文化生产

(一)文化产品的生产方式

随着文化经济活动的日益发展,一些学者开始关注"文化"在经济领域的实践。有学者指出,文化即经济,经济即文化。文化资本这个概念兴起于20世纪80年代末,Bourdieu(1984)提出文化资本不仅是对文化与资本关系的一种描述,而且表示一种资本形式的文化投入。现代西方经济学的生产要素主要是针对制造业企业。根据文化企业生产的特点,文化企业的生产要素投入主要包括资本、技术和劳动,并有其特殊性。资本不仅包括一般意义上的资本物品,还包括一种特殊的投入资本,即文化资本。文化资本是一种资本化的文化资源,是文化企业研发新文化产品的核心资源。技术是制造文化产品的支撑手段。文化与技术的融合越来越紧密,文化企业通过不同类型的技术可以生产出不同类型的产品,丰富文化产品市场,满足不同消费者的消费需求。同时,技术进步也使得文化企业的生产效率得以提高。

文化产品的工业化生产极大地丰富了消费者的选择,提高了整个社会的生产效率,但这种生产方式也受到一些学者的批判。在他们看来,文化产品若按照标准化的生产方式进行生产,其内在的文化特性就会被忽视，从而降低了文化产品内在的价值和意义。从文化企业的生产要素组合来看，文化企业最重要的特征是"轻资本"而"重人才"。"轻资本"主要是指相对于制造业企业而言，文化企业的资产结构中固定资产比重偏低；"重人才"主要是指文化企业的核心竞争力是创意阶层，创意人员的数量和质量影响这个企业的发展。

（二）文化产品的生产函数

文化企业生产过程中需要投入一定的生产要素，如劳动、资本等。生产出来的文化产品数量取决于投入生产要素数量的多少以及它们的组合方式。我们将在一定技术条件下生产要素投入与最终产出的关系用生产函数来描述。

假设生产某文化产品需要投入 m 种生产要素，用 X_1，X_2，$\cdots$，X_t 表示。Q 表示在一定技术条件下的最终产出，则文化企业的生产函数为：

$$Q = f(X_1, X_2, \cdots, X_t) \quad (3-1)$$

为简便起见，我们假设文化企业只投入两种生产要素，即劳动 L 和资本 K，则文化企业的生产函数可简写为：

$$Q = f(L, K) \quad (3-2)$$

一般而言，企业投入要素 L 和 K 之间存在替代性关系。文化企业也存在类似情况，但又有所差异。具体而言，文化企业一般劳动者的劳动与资本之间的替代性关系与一般企业相一致，但某些文化创意劳动与资本之间在某种程度上不存在替代关系。例如，生产手工艺品的文化企业通过购买现代化生产设备来替代手工艺人编织手工艺品就行不通，因为产品的本质发生了改变。

根据文化产业的企业家特点，假设企业家可能从事商业导向的文化工作或非商业导向的文化工作，前者主要产生经济价值，后者主要产生文化价值。企业家的效用函数是经济价值和文化价值的加权函数，决策变量是分配给商业性文化工作、非商业性文化工作和非文化工作的时间，这些工作时间的总和受到可利用工作时间的限制。简单地看，企业家收入可由经营收入和非经营收入（比如政府补贴、私人捐款等）两部分组成。经营收入是产生经济价值的函数，非经营收入是外生的。存在一个最小收入约束，用来维持企业家生存并满足其一定的发展需求。所有变量都是在既定的时期内度量的。

其中，V_c = 文化价值水平，V_e = 经济价值水平，L_{ax} = 商业导向的文化工作时间，L_{ay} = 非商业导向的文化工作时间，L_n = 非文化工作时间，H = 扣除一定的闲暇时间后的可用工作时间，Y = 总收入，Y_u = 非劳动收入，Y_z = 劳动收入，Y^* = 必需的最低收入。

那么企业家的决策问题是：

$$\text{Max} U = [\omega V_c, (1-\omega) V_e] \tag{3-3}$$

其中：

$$V_c = V_c(L_{ax}, L_{ay}), \tag{3-4}$$

$$V_e = V_e(L_{ax}, L_{ay}, L_n) \tag{3-5}$$

并且，

$$\partial V_c/\partial L_{ax} < \partial V_c/\partial L_{ay}, \partial V_c/\partial L_n > \partial V_c/\partial L_{ax} > \partial V_c/\partial V L_{ay}$$

约束条件是，

$$L_{ax} + L_{ay} + L_n = H$$

并且，$Y \geqslant Y^*$，其中，$Y = Y_u + Y_z(V_e)$，$\partial Y_z/\partial V_e > 0$

在 $\omega = 1$（企业家只关心文化价值生产）和 $\omega = 0$（只关心经济价值的生产）的极端情况下，均衡条件是式（3-4）和式（3-5）的边际产出分别相等。可以得到推论，当 $\omega = 1$ 时，均衡点产生于 $L_n = H$；当 $\omega = 0$ 时，均衡点产生于 $L_{ay} = H$；中间情形即 $0 < \omega < 1$ 时，结果取决于所假设的函数形式。

从这个模型可以看出，企业家自身偏好（ω）和经济与文化工作时间的价值函数（V_e 和 V_e）共同影响着企业家对工作时间的分配决策。对文化价值更加偏好的企业家会倾向于从事更多的文化价值单位时间回报率高的工作。同时，在既定的偏好下，企业家也会将更多的时间分配到单位时间回报率更高的工作中。

（三）文化企业的生产成本

类似于一般性生产企业，文化企业的生产可以分为短期生产和长期生产。在短期生产中，文化企业的生产成本有固定成本和可变成本之分。固定成本是指短期内不会随着产出水平的变化而发生改变的成本。它包括生产设备和厂房的成本、长期的工资合同、开发费用、保险费用等。这些成本随企业规模而变化，一旦文化企业的规模固定下来了，这些成本在短期内不会发生变化。可变成本是指短期内随产出水平的变化而变化的成本，如临时员工工资、临时场地和器材设备的租金等。

文化企业进行生产决策时，有必要对本企业的成本变化规律有准确的把握，这样才能做出更好的决策以获取更多经济利益。一般而言，文化企业生产过程中存在高固定成本、低边际成本的特点。高固定成本是指文化企业生产文化产品之前要投入相对较多的资金，形成了较高的沉没成本。一旦文化产品被生产出来，其后，再生产单个同类文化产品的成本较低。一个显著的例子就是，电影制片商生产制作电影母版要花费大量的资金和劳动投入，这部分投入对该影片而言是固定成本，是沉没成本；之后拷贝电影母版的成本则比较低。同样，艺术家需要大量的时间和精力进行初期创作探索，等创作成功后，再进行类似创作则成本较低。

二 文化商品消费理论

（一）消费者偏好与动机

除商品自身的价值外，消费者的消费偏好也是影响该商品需求的重要因素之一。文化产品因其特殊性，消费过程不同于其他产品。人们对文化产品的喜好是靠积累的，一个人对某种文化产品的欣赏和消费意愿与他对这种文化产品的知识准备和理解有重要关系。例如，一个人越对音乐感兴趣，越倾向于去看交响乐演出，或者购买音乐专辑。Smith（1999）通过调查艺术品的消费情况提出消费者对文化产品有消费上瘾效应。从微观经济学的角度出发，对于一般商品来说，随着商品消费数量的增加，其边际效用递减。但是对于文化产品而言，其边际效用会随着人们对这种文化产品的识别能力的提升而增加。同时，一个人的年龄、收入、家庭教育以及职业都会对文化产品的消费偏好产生影响，进而影响其消费效用。顾江（2007）提出个人对于某种文化产品的价值偏好决定了文化效用的大小。

同时，文化产品的购买动机可以分为纯消费动机、投资需求动机和身份认同动机。这里的纯消费动机指购买者购买文化产品仅仅是为了满足自己的兴趣和爱好。这种动机的出现主要是因为文化产品特别是艺术品本身具有天然的艺术美感，有一定的美学价值，消费者能够从中获得美的享受。比如，有些人在装饰房屋时，喜欢挂几幅风景画、水彩画。投资需求动机是指文化产品特别是艺术品同房产、股票等投资产品一样具有增值空间，通过交易能够为所有者带来物质利益。因此购买者把文化产品作为一种资产而购买它。身份认同动机是指有些文化产品具有体现所有者社会地位的作用，可以为所有者提供一张通往自己向往的社会圈子的入场券。为了体现自己的身份，获得认同感，购买者将乐于购买和消费这类艺术品和文化服务。虽然我们可以从原理上对消费者的偏好与动机进行分解,但实际上消费者对文化产品的偏好及购买,往往受多种因素共同的影响。有些艺术品的投资回报率可能会高于股票、债券等传统资产,但整体上其平均投资回报率较低且充满不确定性。原因在于,艺术品的文化价值主要取决于购买者的主观判断,而不像一般商品的价值一样,取决于劳动者的简单劳动时间。因此,相对于金融资产,艺术品的吸引力相对不足。然而由于其与金融资产的弱相关性,艺术品有助于投资者实现传统资产组合的多样化。

(二)文化效用

效用用来刻画消费者从所消费商品中获得的满意程度,效用与消费者的个人偏好正相关。我们把这种消费者从所消费的文化商品中获得的精神上的满足程度称为文化效用。文化效用的高低取决于个人对文化产品内含的文化价值的偏好。

根据效用理论,文化效用可分为总文化效用和边际文化效用。总文化效用是指消费者在一定时间内从一定数量的文化商品的消费中所获得的总满意程度。假设消费者对一种文化商品的消费数量为 Q,则总文化效用函数为:

$$TU(Q) = \varphi(Q) \qquad (3-6)$$

边际效用是指消费者在一定时期内增加一单位文化商品的消费所得到的效用量的增量。边际效用的表达式为:$MU = \dfrac{\Delta TU}{\Delta Q}$,式中的 Δ 表示变化量。

一般商品的消费满足边际效用递减规律,这一规律认为,当消费者消费越来越多的这种商品时,所得到的总效用虽然在增加,但其增加速度减缓。但文化商品的消费上瘾效应使得文化效用与经典经济学的效用理论存在某种程度的背离,即可能随着消费数量的增加,消费者所获取的总效用在增加,而且增加幅度越来越大。这意味着新增的该文化商品给消费者带来的效用增量大于上一个文化商品的效用增量,即边际效用递增。这是因为消费者累积的关于该文化商品的知识和信息增加,消费者从中获得的文化效用也在增加。

(三)跨国文化消费及文化距离

随着世界经济的快速发展,人均可支配收入也将大大提高,这样人们将从追求物质产品的消费为主,转变成追求精神产品的消费为主。文化商品内嵌特定的文化元素,文化元素具有属地特征。当该文化商品的消费活动发生在非属地时,文化商品的消费就是跨地区消费,特别是跨国消费。例如,国外消费者购买富含中国文化元素的文化商品。跨国消费的影响因素可分为文化距离和非文化距离两大类。其中,文化距离因素相对容易量化,而非文化距离因素包括个人特征、地理特征、居民收入、社会环境以及国际贸易政策等,其中每一项都对跨国文化消费产生很大的影响。例如,为了保护本国的文化产品,文化产品竞争力弱的国家,常常采取文化例外原则限制其他国家文化产品的进口。

文化距离是指两国或地区之间文化的接近程度。两国或地区之间文化越接近,文化折扣就越低。一国或地区的文化产品是该地区文化符号的外在表现,文化产品的价值受文化价值的影响,文化价值的评判受购买者的主观判断影响,而每个消费者都深受居住地文化的浸染。因此,文化距离必然影响消费者对文化产品的文化价值的判断。一般来说,两国之间文化距离越大,消费者可能越不认同别国文化产品的文化价值,从而降低对其购买意愿,最终影响文化产品的跨国消费。除通用语言或共同边界可以用来作为衡量文化距离的指标外,Kogut 和 Singh(1988)提出的文化差异公式也可以用来测量文化距离。

文化距离的计算公式为:

$$CD_{ij} = \frac{1}{5} \sum_{k=1}^{5} (C_{jh} - C_{ih})^2 / V_h \qquad (3-7)$$

其中，CD_{ij} 表示 i 国与 j 国的文化距离，C_{jh} 表示 j 国第 h 个文化维度的得分值，C_{ih} 表示 i 国第 h 个文化维度的得分值，V_h 表示第 h 个文化维度得分值的方差。

三　文化市场理论

文化市场是文化产品及服务以商品的形式进行交换的场所，其反映了文化产品或文化服务的生产者、经营者和消费者之间的交换关系。要全面认识文化市场的运行机制，可以从市场中供求双方之间的关系进行分析讨论。文化市场体现的是文化资源的配置和交换行为，只有进入了市场交换渠道，实现了流通，文化产品或者服务才具有经济意义。而进行市场交换需要一定的场所，无论传统意义上的音像店、书店、影剧院、博物馆还是虚拟的互联网交易平台、网络空间，只要是文化产品或者文化服务的生产者、经营者与文化消费者之间发生了交换关系的场所，都属于文化市场的范畴。同时，文化市场还在文化资源配置中起着决定性作用，政府的宏观调控、产业政策也对文化市场的发展方向有着重要的影响。

（一）文化市场结构与组织

微观经济学中的市场可划分为完全竞争市场、垄断竞争市场、寡头市场和完全垄断市场四个类型。不同的文化产品其市场类型也有所不同，如艺术品市场具有完全垄断市场的特征。有些文化产品市场属于寡头市场，以出版市场为代表。有些文化产品市场接近完全竞争市场，以艺术复制品的市场为代表。由于文化产品市场的特殊性，信息不对称广泛存在于文化产品特别是艺术品市场之中。文化产品市场的信息不对称问题的存在为质量低劣的文化产品提供了生存空间。这在一定程度上使消费者难以把握文化产品的品质，会挫伤消费者购买文化产品的积极性。

另外，按文化产品的属性和功能，文化产品可以划分为高雅文化产品和大众文化产品。高雅文化产品主要依托于人们对文化产品的审美需求，其对于文化消费者是有选择的，例如名贵珠宝和字画。因此，高雅文化是选择型文化，其市场性也相对脆弱。大众文化是普及文化、通俗文化，主要依托于人们对文化产品的实用需求以及娱乐需求，具有广阔的市场前景和较好的经营效益，是文化市场的主要支柱和经营内容。

从组织的经营目标来看，文化产品市场组织可分为营利性组织和非营利性组织两大类。营利性组织以满足可预测的文化产品市场需求为出发点，以营利为目的。它们不追求作品的原创性，而追求是否能够迅速有效地批量生产出文化产品。比如，工艺品生产企业会根据消费者市场的需求不断调整自己的工艺品，使用新的材料，甚至仿制其他企业的产品。营利性组织在文化产品市场组织中占据主导地位。非营利性组织主要包括歌剧公司、交响乐团、剧院以及博物馆等。这类市场组织的目标在于保存现有的艺术和民族传统，而不是创造新传统。

（二）文化市场交易渠道

与股票市场一样，文化市场也可划分为一级市场和二级市场。以艺术品市场为例，一级市场主要指画廊、艺术博览会、经纪人委托销售等构成的市场。在一级市场上，消费者可以直接从生产者或者经营者手中购买产品。二级市场是指拍卖公司通过公开征集的方式将市场上的艺术作品收集起来，经过筛选、编号、公开展览后在拍卖会再次销售。

在一级市场中，文化产品的生产者通过出售作品获得从事文化生产或艺术创作的动力。但是对于没有公开价格的艺术品，例如，首次进入市场的新作品，消费者很难准确地估算出这一作品的价值，往往只是凭借自己的喜好和经验去估价。

与一级市场不同，二级市场的公开拍卖方式可以缓解文化产品市场的信息不对称问题。特别是对于艺术品而言，买方属于信息劣势方，拍卖方式有助于解决买方面临的难题。原因在于，拍卖行一般会提供在售拍卖品的真实信息。原则上，拍卖行代表卖方的利益。一旦交易成功，拍卖行一般会获得买卖双方所支付的佣金，拍卖行将会获得按拍卖品落槌价的百分比计算的佣金，大多数国内拍卖行可获得拍卖品销售价的10%～15%。因此，公开信息有利于拍卖师，因为信息的公开有助于消除艺术品质量的不确定性，进而使出价低的竞买人更积极，同时对其他竞买人的出价施加压力，推动成交价的提升。

二级市场的快速发展促进了文化艺术市场的交易，加快了市场的流通，也为艺术品投资提供了舞台，是艺术品定价的首选方式。同时，艺术品拍卖市场对艺术品有一定的选择标准，这样就可以淘汰那些艺术成就不高的艺术品。在二级市场上，时间和公众的检验成为衡量艺术品价值的工具，其准确性更高。另外，二级市场对艺术品的价值具有强大的宣传功效。由于艺术品的拍卖是公开进行的，如果艺术品拍得好，对艺术品来说无疑是一种成功的广告宣传，有助于推动艺术品价格的提升。因此，一些高文化附加值的文化产品，例如，古董、绘画艺术品、雕塑、高档奢侈品往往采取拍卖的方式来确定其价值。从理论上讲，卖家委托拍卖行进行公开拍卖，并设立一个保留价，低于保留价则不能成交，在高于保留价的区间上，由出价高者获得。因此拍卖是最为合理的艺术品定价渠道，因为艺术品的最终价格应是个人价值判断的产物。同时，拍卖行采用的公开拍卖的方式有助于解决艺术品市场的信息不对称问题，拍卖行会提供拍品的年代、估值、尺寸、作者等基本信息，并在拍卖开始之前对拍品进行公开展览。一些有实力的拍卖行有时也会对某些重点拍品进行专业评估，而其价格会因评估的结果发生变化。

（三）文化产品的价格制定

文化商品或服务的价格是其价值的货币表现形式，也是反映市场供需关系的指示器。文化产品价格的制定影响着文化生产经营企业的利润空间以及消费者的消费热情。在文化产业快速发展的前提下，只有科学合理地掌握文化商品的定价策略和影响因素，才能更好更真实地反映文化商品或服务的内在价值。

由于外部性与不确定性的存在，文化产品的价格很难反映其真实的生产成本，从而从经济学角度对文化产品进行定价比较困难。通常把文化产品等同于一般性商品，仅计算其生产成本和经济价值，很少考虑其内在的文化感知价值。文化产品也称为创意产品，说明创意是文化产品的核心价值，即产品的文化感知价值。对于不同的文化产品，人们的文化感知不同，如艺术品的价格基本上是由艺术家的地位和作品本身的水平决定的，生产成本和流通成本基本可以忽略不计。因此，不同于完全竞争市场的产品价格构成，文化产品的价格用公式可表示为：

$$p = c + w \qquad (3-8)$$

这里的 p 表示文化产品的价格，c 表示文化产品的载体成本，包括生产成本、流通成本以及行业平均利润，w 表示消费者的文化感知价值，包括历史价值、文化价值、审美价值等，并且，$w \geq 0$。当 $w = 0$ 时，文化产品等同于完全竞争商品，即价格等于成本。w 越大，说明其自身的文化感知价值越大，例如达·芬奇的著名作品在 2017 年纽约克里斯蒂拍卖行以 4.5 亿美元的价格成交，创下了单件艺术品交易价格最高纪录。因此，较于一般产品而言，文化产品的价值很难用标准的数学模型来解释，其定价存在较强的专业性和较大的差异性。对文化商品的价值的衡量需要个人以及社会的不断投入，只有提高社会的整体文化感知力，才能更多地挖掘文化产品的价值。国家和政府也需要支持、鼓励文化生产与创作，通过倾向性的政策支持引导形成良好的文化产业生态，促进文化产业的健康发展。

第四章
文化贸易的国际经济学基础理论

关于国际文化贸易理论的概念体系构架，国内学术界一直没有一个令人信服的框架结构，这导致国内文化贸易理论繁杂而混乱，不具有条理性与结构性。为了使文化贸易理论体系更具有说服力，本书依据现有的参考文献，将国际文化贸易理论梳理为文化商品基础理论和国际经济学基础理论两大主线。

一 古典贸易理论在文化贸易中的适用性

（一）比较优势理论

比较优势理论作为最经典的国际贸易理论，由大卫·李嘉图首先提出，这种相对性的理论是在绝对优势理论的基础上不断发展而来的，它在很大程度上解释了国际贸易在全球范围的发生。其核心思想是即使一个国家在每一种产品的生产上都不具备绝对优势，但是仍可按照自身的相对优势进行分工生产，仍可通过贸易的方式获利。由于经济发展水平的不同，发达国家有能力将资本、科学技术、创新人才等方面的优势转化为文化产品优势，从而加快发达国家的文化产品出口，相比之下，发展中国家则普遍缺少这种能力。根据比较优势理论，发展中国家应更多地进口发达国家的文化产品与服务，但是文化产品有其独特的性质，不能够满足比较优势理论的三个基本前提，即我们常常提出的资源禀赋优势、完全竞争市场以及规模报酬不变,从而导致了比较优势理论对于文化产品贸易的解释力有限。同时,传统贸易理论无法解释为何境外消费模式会产生。因为人才等生产要素在国际自由流动,不符合传统国际贸易理论的生产要素不能在国际自由流动的假设。对文化服务贸易来说,由于多样性的文化服务质量的差异,当地特有的服务不能被运输或运输成本过大,也是比较优势理论没有考虑的内容。

首先,文化产品不能够像强调比较优势一样强调天然形成的要素禀赋优势。这是因为文化产品归类于知识密集型产品,与文化产品创作者的创新水平、思维方式、教育环境有一定的关系。这使得文化产品的创作人,通常需要具备超乎常人的创新意识和学习能力,并在长期的发展中有着高度的专业性水平。创作人经过长期的磨砺,在相应的文化产品行业就形成独特的竞争力,比如剪纸、根雕工艺等工艺品的创作都遵循这种规律。其次,文化产品还在很大程度上不满足规模报酬不变的假设前提。这是由于文化产品的生产与消费不可分割。例如,一些手工艺品在经过批量生产后,具有明显的规模报酬递减效应;相反,一些图书、文创产品的生产具有规模报酬递增的效应。最后,文化产品所在的贸易环境也使其很难满足完全竞争市场的假设条件。各国的文化背景不同,使得国际文化贸易的产品之间具有很大的不同。同时,出于对本国文化的保护,各国在文化产品进出口上都有较为严格的管控,使得国际文化贸易处于相对的不完全竞争市场。

比较优势理论创立的时代,资本主义仍然处于工业化时代,文化经济在国民经济中所占的比例还不高,文化产品贸易更是处于萌芽状态。因此,比较优势理论主要是针对有形商品而言的,而文化贸易包括文化商品贸易与文化服务贸易两部分,并常常伴有知识产权的买卖与转让,极具特殊性。Colell(1999)认为将传统贸易理论运用到文化贸易领域,在某种程度上也可适用。例如,挪威在其冰雕制作上拥有比较优势,西班牙在油画方面、英国在莎士比亚戏剧方面具有比较优势,由此来解释欧洲国家之间文化贸易的发生。

（二）要素禀赋理论

赫克歇尔与俄林提出要素禀赋理论，将一国的贸易行为归纳为获利的需要，论证了国际分工和自由贸易的重要性。要素禀赋理论解释国际贸易的起因是商品的价格存在差异，而商品的价格差异又归因于国家之间的生产要素禀赋的差异（郭界秀，2013）。例如，资本、土地、劳动力等生产要素的差异。文化也是一种无形的生产要素，由于文化资源的差异性和独特性，各国文化资源也存在差异，即都具有各自的比较优势。在手工艺品一类的劳动密集型文化产品领域，发展中国家具有劳动力廉价的优势，通过这种人口红利，能在这些劳动密集型产业形成自身的比较优势。而当工业化国家通过技术与产业升级获得专业技术领先优势而放弃生产低端产品时，发展中国家的这种劳动力比较优势会放大。文化产业的发展规模在很大程度上受要素禀赋结构制约，特别是资源优势和市场结构。发展中国家应优先发展具有比较优势的文化产业并扩大其规模，根据要素禀赋结构调整发展的领域重点，专注于一个领域。区域文化产业发展也需要从资源和劳动密集型向资本和知识密集型转换，进而完善文化产业内部结构。

无论是货物贸易还是服务贸易，文化都因其独特的性质和丰富的内涵始终贯穿在国际贸易之中，各国应充分开发利用本国的文化资源，形成各自的比较优势，展现到各自的文化产品与服务当中。例如，美国好莱坞电影产业利用顺畅的融资渠道和完善的市场经济制度，使得电影制作、发行、放映等一系列程序高效运作，具有了很强的国际比较优势。而我国的文化旅游也充分依靠各地旅游资源和传统文化资源的优势，开发出一系列演艺项目，如《云南映象》《印象·刘三姐》《又见平遥》等，具有相当程度的比较优势。

在文化领域的生产中并没有完全相同的产品，而且它们的收藏价值比使用价值要大得多，如限量版的古董、古董工艺品、高端手工制品，这一类型的文化产品都有很大的异质性。在文化服务贸易中，不同产品的贸易对不同的消费模式有不同的解释。另外，一个国家的文化企业可以有供应国内市场、供应国外市场、对外直接投资等不同战略路径的选择，同时也可以进行内包、外包等不同的生产组织行为。至于采取哪种策略实现国际文化贸易活动，取决于不同的文化企业的生产成本、市场发展的现状、劳动生产率、本国文化企业的竞争者以及外国文化企业的应对策略、贸易自由化程度、政府相关扶持政策等因素，而这些都未包括在古典的贸易理论当中。同时，鉴于国际文化服务贸易具有很强的知识、创意密集性特点，要素禀赋理论在分析文化贸易上很不适用，因为要素禀赋、比较优势强调一个国家的先天要素，而专业的训练、人力上的大量投入则往往会改变一个国家的比较优势，这就从根本上动摇了理论模型的假设前提。可见，传统的比较优势理论和要素禀赋理论并不十分适用于文化贸易的研究。

二　新贸易理论在文化贸易中的适用性

新贸易理论兴起于20世纪60年代，理论前提建立在不完全竞争市场和规模经济的基础上。不完全竞争市场的相关理论在国际文化贸易中主要有以下几方面的体现：定价行为层面，文化企业通常采取价格歧视作为定价的基本原则；竞争策略层面，文化企业采取产品差异化策略以增强产品消费性，从而能够从竞争者中脱颖而出。另外，具有相似要素的国家参与文化贸易并形成产业内贸易是基于价格歧视、产品倾销、产品差异化等原因。即使比较优势不明显，规模经济导致成本降低也有助于推动国际贸易的发生，例如，视听产品生产的外部规模经济。本部分将主要针对不同的新贸易理论，结合文化贸易标的的特殊性，讨论新贸易理论对文化贸易的解释力和适用性。

（一）需求相似理论

新贸易理论与传统贸易理论的不同之处是从需求角度来分析国际贸易。消费需求在文化贸易中扮演着非常重要的角色，因此，新贸易理论对文化贸易具有更强的适用性。Linder（1961）在需求相似理论中提出"当产品拥有国内需求时才会有产品出口发展的可能性，而人均收入水平决定居民消费偏好"。当本国市场有一定的发展基础后，商家才会考虑拓展国际市场并将其提到企业战略层面。两国相似的需求偏好是双边国际贸易发生的前提。重叠需求理论是讲述关于两国需求结构与收入水平之间的关系的贸易理论，提出了可以从消费者行为角度解释国际贸易的起因。两国的人均收入水平差异越小，双方的需求结构重叠就会越多，两国的贸易关系就更加密切，因而国际贸易会在收入水平差异较小的国家间实现。Throsby（2003）指出需求相似理论对文化产品的生产和销售有着重要作用，例如，文化产品的消费可以被理解为人们当前消费所获得的满足以及未来知识和经验的积累。因此，过去的文化产品消费结构在很大程度上决定了将来的消费结构。

当两个国家的人均收入水平趋同时，即经济发展水平相似时，其需求结构也趋于一致，产业内分工的趋向就越强，贸易发展就越快。例如，文物、工艺收藏品、动漫影视等产品等都属于高度异质性产品，经济越发达，市场对文化产品需求越相似，进而也促进了文化产业的多样化发展。李怀亮（2013）指出，文化商品与服务的贸易高度集中于少数几个国家，例如，欧美国家之间存在频繁且大量的文化进出口贸易现象。对于文化产品贸易来说，人均收入只是其影响因素的一个方面，即使两国人均收入水平相似，但受众群体的文化背景不同，因此对相同产品的接受程度存在很大差异，容易造成贸易受阻。相反，在具有相同文化背景的国家中，文化贸易较容易实现。霍步刚（2008）指出文化贸易的出口取决于国内的基本需求，而国内需求由该国平均收入水平决定。平均收入水平在某种程度上虽只衡量了文化贸易的交易数量，但是交易内容是一个国家与民族的文化情愫。张宏伟（2011）对中国的图书版权贸易构建了加权混合回归模型，分析结论是收入水平差异与图书版权贸易呈负相关关系，这一结论也符合林德的需求相似理论。曲如晓和韩丽丽（2010）通过计量经济模型分析了中国文化商品贸易的影响因素，得到的结论表明我国的文化贸易活动主要发生在与中国需求收入差异较大的国家之间，而这一结论则与林德的需求相似理论背道而驰。

（二）规模经济理论

规模经济作为一种已经形成体系的经济模式，是工业时代发展过程中最为重要的特点之一。规模经济理论的提出为工厂扩大生产规模提供了合理的范式，即扩大生产后产出增加的比例大于所投入的各种生产要素增加的比例，也意味随着产出的扩大单位成本不断降低，工厂达到适度生产规模。如再继续扩大规模，则会因管理上的不经济而导致成本增加。同时，规模生产理论的实现，还需满足生产技术水平不变以及所有生产要素或投入均按相同的比例变动的前提假设。规模经济理论的主要观点基于生产规模扩大所带来的生产效率的提高，在达到最优生产规模之前，企业扩大生产规模有利于生产的专业化、分工的合理化、人力培训的简便化。

生产规模扩大，产出数量明显上升，市场份额不断增多，既能给文化企业带来垄断利润，又能提高文化贸易市场的控制力与占有率，保持一定的产品竞争优势。随着科技进步和文化贸易市场的变化，文化产品的生产技术水平有了显著提高，科技创新有效地减少了不必要的生产环节，降低了生产成本、运输成本、营销成本，有利于文化生产企业降低管理、营销费用，使企业在市场竞争中能够快速占据主动地位。同时，产业聚集的经济效益也是不容忽视的，它揭示了空间意义上的外在规模经济的含义。众多企业在局部空间上的聚集表现为一种规模报酬递增的空间层面上的额外的好处,我们称之为聚集经济。聚集经济在本质上是一种空间上的外在规模经济,是传统规模经济的延伸。例如,韩国各大娱乐公司签署大批练习生并对其进行艺能培训,做到了流程化、工厂化地大批量培养才艺全能的艺人,从而使艺人之间的竞争异常激烈,大幅降低了艺人的出场费,促进了韩国影视行业的健康发展。

Wildman 和 Siwek(1988)指出,本地市场规模效应之所以能对文化贸易产生推动作用,一个重要原因在于本地市场规模较大的国家和地区,其文化企业生产过程存在典型的外部溢出效应,从而带动产业内其他企业生产效率的提升和成本的降低,促使本地文化产品和服务在国际市场上具有成本和价格上的比较优势。Marvasti(1994)相对较早地利用 1985 年 63 个国家和地区相关文化贸易数据,从实证的角度检验了影响文化贸易的因素,研究发现,本地市场规模效应是文化出口贸易的重要因素。Schulze(1999)进一步指出,文化生产中的外部效应不仅体现在企业与企业之间,在企业内部也同样存在。这表现在初始生产成本较高的文化产品,其复制品的生产成本很低,特定情况下更有可能接近于零,例如数字文化产品的复制就属于这种情况。因此本地市场规模越大,文化企业生产中的规模经济效应就越明显,从而同样在价格和成本上呈现典型的比较优势。因此,文化产品生产者在地理位置上的聚集,不仅是国际化的,也是本土化的,可见规模经济理论在文化贸易中具有很强的适用性。

(三)竞争优势理论

Porter(1990)将竞争优势引入宏观的国际竞争研究,提出了包含需求、支持行业、企业战略结构、竞争者、政府、机会等一系列竞争因素的钻石模型。波特认为,国家的竞争力是对外贸易发展的主要因素,本质上竞争优势理论的提出完善了传统的比较优势理论,形成了一个动态发展的竞争力理论。文化产业的发展与政府的大力扶持密不可分,这恰恰与竞争优势理论强调的政府因素相契合。现阶段，很多国家都意识到蓬勃发展的文化产业已成为经济增长新的"增长极"，为了扩大文化影响力并争夺文化产业贸易的主导权，各国往往会从资金、政策等方面对文化产业进行扶持。另外，文化行业具有风险高、专业化分工细、市场竞争不完全性的特点，需要政府发挥重要的作用，提供并维护一个良好、公平的竞争环境。竞争优势理论比较重视政府政策作用、企业创新与战略、人力资本等高级要素的培育，特别强调创新，而这正是迈克尔·波特的竞争优势理论的核心。

文化产业是文化贸易发展的基础，竞争优势理论对解释文化贸易竞争力的提升具有较强的适用性。不同于其他贸易理论推导外延的方法，波特钻石模型是在传统的比较优势理论的基础上建立并不断发展的，可以更好地解释现实中发生的经济现象。在钻石模型中，文化产品贸易注重精神层面的需求，满足竞争力需求理论强调的需求因素。目前，该理论已广泛应用于评估和测算贸易潜力、贸易模式运用的分析和贸易壁垒程度的估量等不同的学术研究领域。顾乃华、夏杰长（2007）依靠钻石模型对我国主要城市文化产业的竞争力进行了比较研究。方慧、尚雅楠（2012）提出了适用于文化贸易的动态钻石模型，该模型将产业发展分为非成熟与成熟两个阶段，将波特理论的四个影响因素分为短期和长期两组。将动态钻石模型运用到我国文化贸易竞争力的解释中，可以看到我国文化产业由于市场不完善，相关产业不能发挥其正效应，甚至会有负面的作用，从而国有企业仍然发挥着不可低估的重要作用。但是，随着经济发展水平日益提高，产业内分工越发细化，进而扩大了产业部门内部异质性产品的生产规模，从而加快了异质性产品供给市场的发展。同时，随着经济的增长，人均收入水平也会提高。根据消费心理推断，当消费者拥有更高收入时，其需求也会变得更加多样化，对异质性产品的需求就会更加强烈，从而异质性产品的需求市场也会相应扩大。

（四）企业异质性贸易理论

新贸易理论的另一个特点是关注生产企业的异质性，即企业间生产规模、生产率等各方面特征的显著差异。Melitz（2003）引入了异质性企业的概念，将企业的生产率差异引入垄断竞争的一般均衡框架，提出异质性企业贸易模型，解释了不同的生产率水平如何影响企业出口决策和贸易自由化如何影响产业内资源配置的问题，并对出口是否可以提高企业的生产效率以及竞争力做出了回答。该模型认为企业进入出口市场需要一定的固定成本，只有高生产率的企业可以支付进入出口市场的固定成本，从而出口企业的生产率整体上高于非出口企业，同时，更大的贸易自由化有助于高生产率企业的发展。我国学者王华等（2011）研究发现，我国出口企业的效率要高于非出口企业约20%，但是我国出口企业的竞争优势不仅有生产率优势，还有低成本优势，还受"出口中学"的影响。张杰等（2016）也认为出口企业存在"自选择"效应，即能力高的企业选择出口，能力中等的企业选择国内市场，而能力低的企业会被迫退出。

文化企业提供的产品和服务具有很强的异质性，这种质量、品类、设计、文化感知的差别使得消费者对于不同的产品愿意支付不同的价格。产品的异质性越强，可替代性越低，竞争性也小。如果具有完全的异质性，则说明与其他产品没有竞争关系。文化企业完全可以通过自身的异质性优势来获得竞争优势。而且，消费者会根据自身的偏好去选择充满异质性的文化产品与服务，一旦消费者形成固有的偏好，将会作为忠实的客户持续消费这种异质产品或服务。同时，文化产品的异质性可以帮助两个生产要素禀赋相似的国家展开贸易合作，产业内异质性产品的存在也使各企业在开放的条件下避免了直接竞争，提供异质性产品的企业获得更大的市场份额，将比较优势转化为竞争优势。因此，企业异质性贸易理论的提出肯定了贸易开放的积极作用，随着贸易自由化的扩大，生产率低的企业逐渐退出市场，生产率高的企业规模得到扩大，从而提升总体生产率水平。然而，如果对国内产业进行关税保护、出口补贴等干预，这种自然淘汰则不会发生作用，反而影响总体生产率水平的提高。因此，贸易自由化才是各国实现共赢的正确选择。

（五）战略性贸易理论

20世纪80年代，经济学家布兰德和斯本赛及克鲁格曼在研究中放弃了传统国际贸易理论中完全竞争市场和规模报酬不变的假设，提出了战略性贸易理论。战略性贸易理论以不完全竞争和规模经济效应为基础，偏向于政府对产业进行战略性贸易扶持，通过提升本国企业的竞争力，迅速占领国际市场获取垄断利润，增进国民福利。战略性贸易理论是寡头垄断理论在国际贸易理论中的应用，是以其他国家的福利为代价来实现国内某行业的最大利润。Brander和Spencer（1985）正式阐述了国际贸易理论中的寡头垄断模型，提出政府增加关税、出口补贴、研发补贴等贸易政策会将国外厂商的利润转移到国内厂商，足以弥补消费者盈余和关税的损失。这对解释在完全竞争框架下难以理解的现象起到了关键作用。博弈理论在战略性贸易理论中的应用也是不同于传统贸易理论的重要特征，该理论对战略性贸易政策的实践做出了巨大贡献。

根据战略性贸易理论，由于文化产业自身具有存在一定进入壁垒、有较强的政治性、面临国外文化竞争、市场需求较大、初期投入成本比较高、规模经济效应明显、产业关联度高等特质，政府需要扶持本国的文化产业（方英、孙尧，2010）。这几点正好与文化产业的发展前景一致。文化产业被誉为21世纪的"朝阳工业"，成为各国提升国家"软实力"的重点发展对象，且发达国家的文化产业已经发展到相当规模。这可以从其具有高附加值的特点来看。近些年来，由文化和旅游部牵头落实成立了百余个国家级文化产业示范区，通过将这些示范区作为文化产业的龙头发展平台，充分利用当地积淀的文化资源，可以同时与各产业产生横向融合,并通过价值链的分配推动经济发展,提升我国文化产业的规模效益。以电影、动漫产业为例,从文化产业的产业关联效应看,它能将不同产业横向融合,并通过全球价值链的分配促进纵向和深度融合,增强文化的竞争力,从而推动经济发展。我国政府在全球文化产业繁荣发展的背景下,提出要"完善文化产业政策,加强文化市场建设和管理,推动有关文化产业发展"。虽然我国的文化产业起步时间较晚,但是势头较猛。近两年,政府逐步加强对文化产业的扶持,提出了"中国文化走出去"等举措,这些都为中国文化产业的发展提供了有力的支持,也增强了文化产业领域企业快速发展的信心,如影视业、视听业都逐渐走向正规化。

(六)贸易壁垒与文化例外

文化产品除了具有经济价值之外,更重要的是具有文化价值,因而文化保护与自由贸易成为WTO体制内争论不休的焦点问题,文化例外这一观点成为文化保护主义在对抗自由贸易主义时的有效声明。当前,全球范围内形成了以美国、英国为首的主张文化自由主义贸易政策的阵营以及以加拿大、法国、印度为首的主张文化保护主义贸易政策的阵营。前者认为文化商品的贸易与普通商品没有区别,也不应该区别对待,WTO有关自由贸易的协定和规则同样适用于文化商品;后者则认为文化贸易有其特殊性,与普通商品不一样,其会对一个国家和地区居民的文化理念、行为习惯、风俗习惯等产生重要影响,进口国当地的文化及生态可能会由于国外文化产品和服务的进口而被破坏(Hellmanzik & Schmitz,2016)。Eaton等(2000)对自由贸易可能给文化多样性造成的影响进行了相关研究,得到尤其是广大发展中国家需要对本国文化产业和文化生态采取适度的保护措施以避免来自发达国家的文化生态破坏的结论。

付竹、王志恒(2007),余雄飞(2009)对通过设置文化贸易壁垒实现文化贸易保护的必要性进行了研究，一致认为鉴于文化产品、文化产业、文化贸易具有典型的自身特点与规律，中国应该建立一套类似绿色贸易壁垒的制度体系来保护本国文化产业免遭以美国为首的欧美发达国家文化产业的冲击与破坏。同时，我国政府制定的《关于文化领域引进外资的若干意见》明确了外资不可涉足的文化领域，对文化产业有一定程度的准入限制，符合进入壁垒特点。欧洲各国、美国、加拿大等国家纷纷采取补贴、内容要求、税收措施、所有权规则等保护机制，促进文化产业与文化贸易的发展。韩国文化产业发展的三大重点为影视、音乐、网络游戏。政府对此投入大量资金予以支持，并配套了合理的政策措施。韩国的网络游戏企业平均每年可以得到将近 2 亿美元的政府拨款用于研发新游戏，对于出口产品在语言译制上的费用，政府几乎可以提供全额补助。由此可见，任何一个国家和地区想建立对外文化贸易的优势就一定要调动政府、企业、相关社会组织、行业协会等多方面的力量。

第五章
中国文化贸易发展历程与现状

一 中国文化贸易发展历程

伴随着改革开放的深入推进，中国的经济发展取得了举世瞩目的成绩，同时我国的文化产业也取得了空前的发展。文化的对外开放推动了我国文化贸易的发展起步，我国新闻出版、广播影视、动漫游戏、演艺等领域的文化产品或服务逐步走出国门，出现在国际贸易的舞台上。我国文化贸易已经过了数十年的发展，已经成为我国国际贸易中不可或缺的一个重要组成部分，并且伴随着整体经济的发展越来越展现出蓬勃的发展势头。

（一）早期起步阶段（2005年以前）

在早期起步阶段，我国文化贸易在中外文化交流活动中日益取得进展。1980年，上海杂技团赴美商演，开启了我国海外商业性演出之门。但我国对外文化贸易正值发展初期，还缺乏走向世界的更完善、更开放的贸易支持和交流机制。

随着我国文化贸易的发展，其政策法规支持也取得了一定的积极进展，如我国1992年提出要推进文化体制改革，2000年正式提出"文化产业"的概念，强调要大力发展文化产业。另外，2000年11月，在有关中国加入世界贸易组织（WTO）的最后谈判中，中国就文化产品和服务市场准入做出部分承诺，这些承诺涉及音像制品、电影和书报刊等领域。在音像制品领域，自加入WTO时起，在不损害中国审查音像制品内容的权利下，允许外国服务提供者与中国合资伙伴设立合作企业，从事除电影外的音像制品的分销；在电影领域，在不损害与中国电影管理法规的一致性的情况下，中国将允许以分账形式进口电影用于影院放映，此类进口的数量应为每年20部，允许外国服务提供者建设或改造电影院，但外资不得超过49%，港、澳资金可占75%；在书报刊领域，加入WTO后1年内，允许外国服务提供者从事图书、报纸和杂志的零售，加入WTO后3年内，允许外国服务提供者从事图书、报纸和杂志的批发。

在税收方面，2005年3月，财政部、海关总署、国家税务总局联合发布财税〔2005〕1号文件——《关于文化体制改革中经营性文化事业单位转制后企业的若干财税政策问题的通知》，该通知给予转制企业税收方面的优惠，规定文化产品出口按照国家现行规定享受出口退（免）税政策，对生产重点文化产品进口所需要的自用设备及配套件、备件等免征进口关税和进口环节增值税。同时，在全面提高对外开放水平的基础上，为维护我国文化安全，2005年8月，中宣部、文化部等六部门联合下发《关于加强文化产品进口管理的办法》。进一步明确文化管理相关部门的职责，有利于我国建立更加完善的文化贸易监管机制。

（二）快速推进阶段（2005～2013年）

2005～2013年，国家相关文化支持政策密集出台，加大对文化产业发展及文化贸易的支持力度，加快建立完善的贸易体系，加快我国对外文化贸易的发展。

2006年9月，《国家"十一五"时期文化发展规划纲要》提出要进一步推动我国文化与经济、政治等各领域协调发展；2009年7月，我国文化产品和服务的范围在《文化产业振兴规划》中再次扩大；2011年，《中共中央关于深化文化体制改革、推动社会主义文化大发展大繁荣若干重大问题的决定》强调我国迫切需要深入推进文化体制改革，建设社会主义强国；2012年，党的十八大也明确指出，文化产业必将成为未来国民经济的中坚力量，需尽快提升我国文化贸易的整体竞争力。2013年，《中共中央关于全面深化改革若干重大问题的决定》重点支持文化企业开展海外业务，开拓海外市场。

（三）文化贸易新机遇（2013年至今）

我国文化贸易在经过了快速推进阶段后，2013年9月和10月，习近平总书记首次提出建设"丝绸之路经济带"和"21世纪海上丝绸之路"（简称"一带一路"）的倡议，旨在将沿线国家打造成一个经济融合、文化包容的发展共同体。自倡议提出至今，我国同沿线国家实现贸易畅通，跨境电子商务快速发展，港口及铁路口岸过货量创历史新高，出口信贷、出口信用保险等鼓励支持政策逐步出台，我国文化贸易发展面临新的机遇。根据中国新闻网报道，截至2017年初，中国企业在36个国家在建合作区77个，其中在20个"一带一路"沿线国家在建合作区56个，累计投资185.5亿美元，入区企业1082家，总产值506.9亿美元，为当地创造就业岗位17.7万个，对促进我国对外贸易发展起到了积极作用。

另外，2014年3月，国务院颁布了《关于加快发展对外文化贸易的意见》，该意见认为我国文化贸易占对外贸易总额的比重还略低，有待进一步发展，力争打造出更具有文化代表性、更具有影响力的民族品牌。2016年，《关于推动文化文物单位文化创意产品开发的若干意见》提出，我国文化资源需深入挖掘和开发，加快文化创意产业的发展，提升国家文化软实力。2017年发布的《中国传统工艺振兴计划》指明"尊重优秀传统文化、坚守工匠精神、激发创造活力、促进就业增收、坚持绿色发展"的基本原则,提出到2020年,显著提升我国传统工艺的传承和再创造能力、行业管理水平和市场竞争力等软实力。

二 中国文化贸易发展现状

(一)中国文化贸易统计标准

贸易统计作为我国对外文化贸易发展历程与现状最直接的呈现形式,其标准与统计框架的确定在很大程度上影响着最终的统计结果,同时作为贸易政策制定的基础和依据之一,其又会影响到政策层面。因此,完善的文化贸易统计标准的制定非常重要。随着新时代背景下各个产业的蓬勃发展,新的发展业态不断涌现,在已有的统计标准的基础上,有必要根据我国文化贸易的发展情况与态势实时完善相关贸易统计标准。在文化贸易发展的新业态中,尤以依托于"互联网+"的新业态的发展最为突出,日益成为新的经济增长点,理应纳入统计范围。2017年6月30日,新的《国民经济行业分类》正式发布,在此背景下,国家统计局依据新的《国民经济行业分类》,借鉴联合国教科文组织《文化统计框架2009》的分类方法,于2018年4月印发新的分类标准《文化及相关产业分类(2018)》。新分类增加了符合文化及相关产业定义的活动小类,调整了类别结构和分类方法,增加了分类编码,将文化及相关产业划分为三层,大类由10个修订为9个,中类由50个修订为43个,新分类标准下对原120项小类也进行了拆分、新增、更名、内容变更、删除等调整,调整之后的小类项数为146项(《文化及相关产业分类》新旧对照表见附录2)。

(二)中国文化贸易现状分析

2017年,我国文化产品和服务进出口总额为1265.1亿美元,同比增长11.1%,其中文化产品进出口总额为971.2亿美元,同比增长9.7%,

文化服务进出口总额为293.9亿美元，同比增长14.4%。这是在我国文化产品进出口总额在2015年和2016年连续两年下滑之后所呈现的首次增长，且增长比例显著。其中，文化产品出口总额为881.9亿美元，同比增长12.1%，文化产品进口总额为89.3亿美元，相比2016年进口额下滑9.4%，实现顺差792.6亿美元。由于文化产品贸易在对外文化贸易中占据大部分份额，其在一定程度上可以反映我国对外文化贸易的发展状况，因而我们主要从文化产品的贸易情况出发来分析我国对外文化贸易的发展情况。

纵观我国2005年至今的文化产品的进出口情况，近十几年来我国文化产品总体保持稳定增长的态势，进出口总额及进口额、出口额除少数几年出现负增长外，其余均保持正增长，且在2014年文化产品进出口总额、出口额达到2005年以来的最高峰，实现文化产品进出口总额1273.7亿美元，出口额1118.3亿美元。具体见图5-1。

2016年，我国文化产品进出口总额达885.2亿美元，贸易顺差688.09亿美元。其中，文化用品进出口总额372.88亿美元，占文化产品进出口总额的42.1%，出口355.96亿美元，进口16.91亿美元，实现贸易顺差339.05亿美元。另外，出版物、工艺美术品及收藏品、文化用品、印刷专用设备、广播电视电影专用设备等文化产品出口均实现贸易顺差。具体见表5-1。

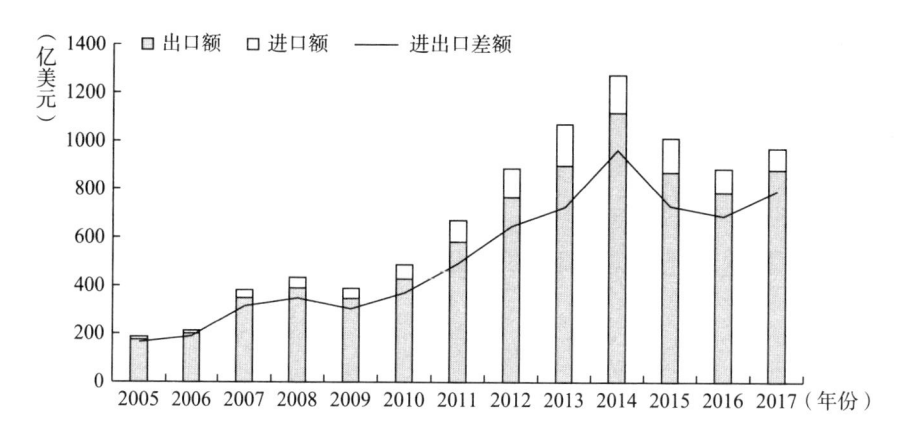

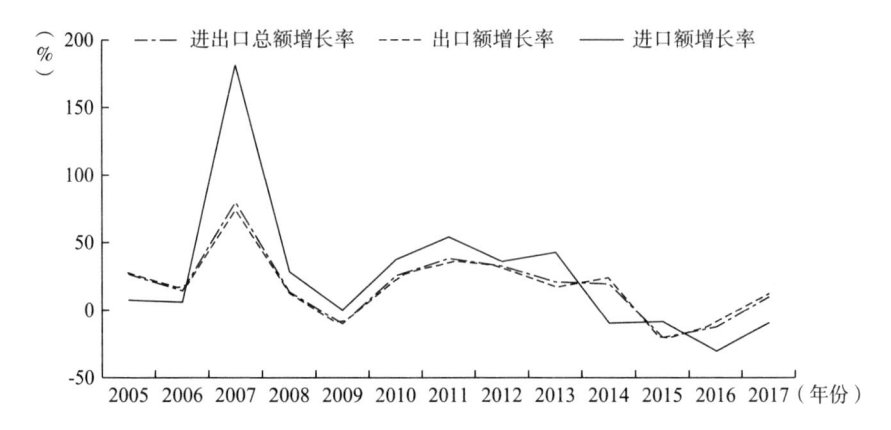

图 5-1 文化产品进出口贸易额及增长率

资料来源：《中国文化及相关产业统计年鉴 2017》。

表 5-1 2016 年按商品类别文化产品进出口情况

单位：亿美元

项目	进出口总额	出口额	进口额	贸易差额
出版物	45.18	34.74	10.44	24.30
工艺美术品及收藏品	294.89	280.89	14.00	266.89
文化用品	372.87	355.96	16.91	339.05
广播电视电影专用设备	147.24	100.76	46.48	54.28
合计	885.20	786.65	98.55	688.10

注：因该统计为不完全统计，所以"合计"一项与表中数据加总有出入。
资料来源：《中国文化及相关产业统计年鉴 2017》。

由以上数据可见，中国对外文化贸易自 2005 年以来取得较快发展。但是，文化服务贸易还在起步阶段，在对外文化贸易中所占比重较低，统计口径不健全，对文化贸易总规模的扩大贡献较小。今后，如何扩大文化服务贸易将是对外文化贸易中亟待解决的关键问题。

1. 出版物

随着我国经济规模的日益发展壮大，我国的文化产业也进入平稳增长的发展阶段。我国出版物总销售额逐年增长，2016 年出版物总销售额为 2771 亿元。由于数字出版物的普及，图书、期刊、报纸在出版业总销售额占比有所下降，但仍然占据出版业的主要市场份额。近年来，图书、期刊、报纸的进出口受宏观经济及互联网等数字产业的影响较大，进出口数量和金额增长速度明显减慢。

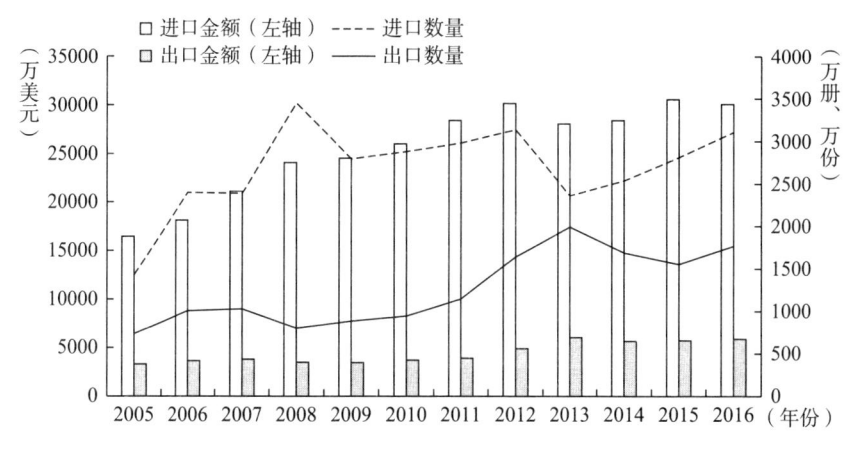

图 5-2　全国图书、期刊、报纸进出口情况

资料来源：《中国文化及相关产业统计年鉴2017》。

随着全球文化经济一体化的不断推进，国际市场对我国图书、期刊、报纸的需求越来越大。特别是2016年，习近平总书记在党的新闻舆论工作座谈会上强调，要加强国际传播能力建设，着力打造具有较强国际影响力的外宣旗舰媒体。在我国的版权贸易中，图书版权进出口贸易始终占据我国版权贸易的主要位置。从图5-3可看出，在我国的图

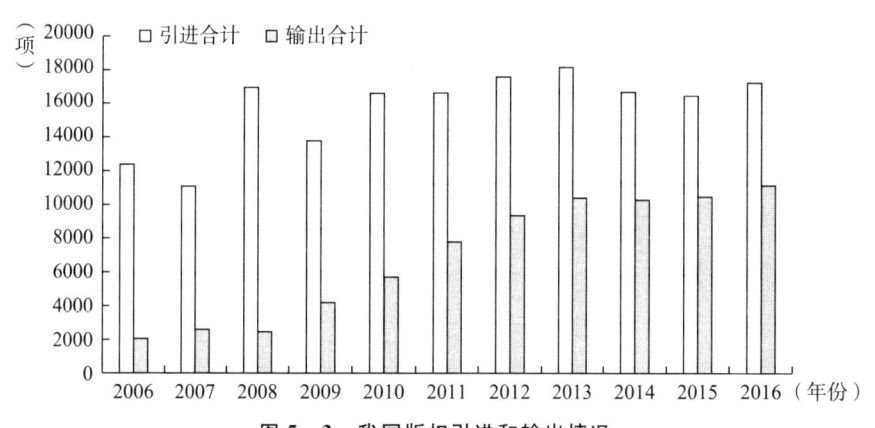

图 5-3　我国版权引进和输出情况

资料来源：《中国文化及相关产业统计年鉴2017》。

书版权进出口贸易中，引进项目数始终高于输出项目数，但我国图书版权输出项目数在近十年总体上保持稳定增长。2013年，我国版权引进项目数达到最大值，为18161项；2016年，我国版权输出项目数达到最大值，为11133项。

图5-4显示了2005~2016年全国音像制品、电子出版物与数字出版物进出口额变化趋势。从进口方面来看，全国音像制品、电子出版物与数字出版物进口额由2005年的1833万美元逐年递增至2016年的25859.38万美元，扩大13.3倍。从出口方面来看，全国音像制品、电子出版物与数字出版物出口额波动较大，且出口金额较小。2006年全国音像制品、电子出版物与数字出版物出口额为284.99万美元，为近

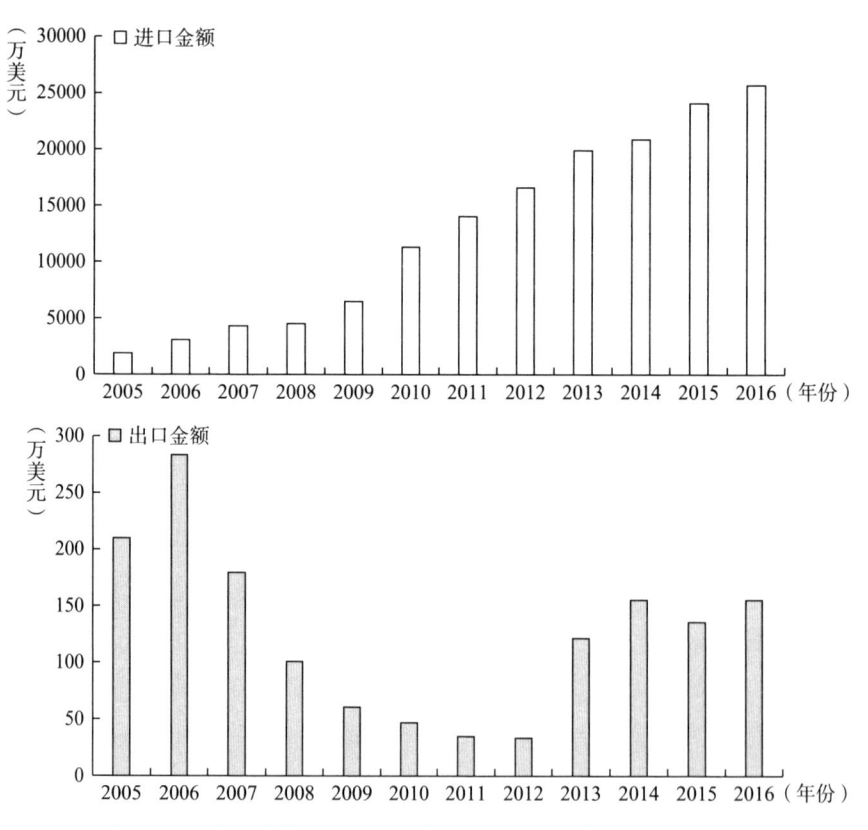

图5-4 全国音像制品、电子出版物与数字出版物进出口情况

资料来源：《中国文化及相关产业统计年鉴2017》。

年来最高；2012年全国音像制品、电子出版物与数字出版物进口额仅为33.54万美元，为近年来最低。我们可以看出，在我国音像制品、电子出版物与数字出版物进口逐年上升的同时，其出口一直保持较低水平，体现了我国在此方面的短板。

2. 电视节目

我国电视节目经过数十年的发展已颇具规模。从图5-5可看出，2006年，我国电视节目出口额为16940万元，电视节目进口额为33714万元。至2016年，我国电视节目出口额已实现36909万元，与2006年相比（下同）增长118%；电视节目进口额为209872万元，增长523%。

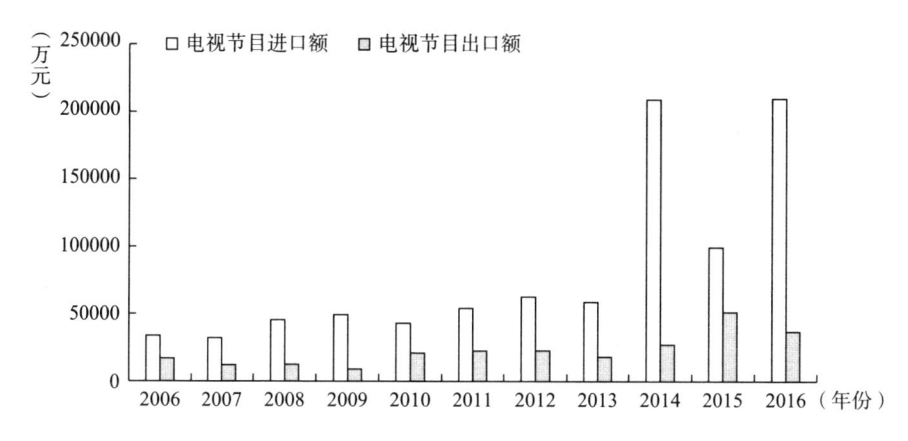

图5-5 电视节目进出口情况

资料来源：《中国文化及相关产业统计年鉴2017》。

3. 电影

从2010年至2016年我国电影贸易的发展情况来看（见表5-2），进口影片要比国产影片更受国内市场欢迎，2010年至2016年进口影片国内票房收入大幅增长，从2010年的44亿美元增长至2016年的190.49亿美元，增长3倍以上；相比于进口影片，国产影片海外票房收入并不理想，从2010年的35.17亿美元降至2012年的10.63亿美元，从2013年起国产影片在海外票房收入逐渐增长至2016年的38.25亿美元，呈U形增长趋势；进口影片和国产影片巨大的市场接受度差异，导致我国电影产业一直处于贸易逆差状态，而且从 2010 年至 2016 年，我国电影业贸易逆差逐渐增大，从 2010 年的 8.83 亿美元增长至 152.24 亿美元，贸易逆差增长约 16 倍。

表 5 – 2　2010~2016 年我国电影贸易情况

单位：亿美元

项目	2010 年	2011 年	2012 年	2013 年	2014 年	2015 年	2016 年
进口影片国内票房收入	44.00	60.84	88.78	90.02	134.84	169.33	190.49
国产影片海外票房收入	35.17	20.46	10.63	14.14	18.70	27.70	38.25
贸易逆差额	8.83	40.38	78.15	75.88	116.14	141.63	152.24

资料来源：国家统计局。

4. 动漫

2011~2015 年我国动漫产业健康快速发展，在"十三五"期间国家对动漫进口企业大力提供优惠政策，使动漫产业进口额从 2011 年的 702.01 万元增长至 2015 年的 44472.16 万元；我国动漫产业力求贸易平衡，大力引进的同时也要大力输出，动漫产业的出口额从 2011 年的 3662.39 万元增长至 2015 年的 10059.23 万元，出口增长幅度赶超进口增长幅度；但我国动漫产业进口量从 2011 年的 279 小时增长至 2015 年的 12690 小时，而出口量仅从 2011 年的 426 小时增长至 2015 年的 3091 小时。以上数据详见表 5 – 3。

表 5 – 3　2010~2015 年动漫进出口总额

单位：万元，小时

年份	出口额	进口额	进口量	出口量
2011	3662.39	702.01	279	426
2012	3104.72	1489.01	385	1678
2013	4894.24	4432.38	2879	2507
2014	3190.02	11027.99	4560	2628
2015	10059.23	44472.16	12690	3091

资料来源：国家统计局。

5. 艺术品进出口贸易

《商品名称及编码协调制度》(The Harmonized Commodity Description and Coding System，又称 HS)，已成为各国海关统计国际贸易商品的基本分类依据。最新修订的 HS 编码根据商品的原材料属性、用途及性能共分为 22 类 98 章，其中艺术品主要集中在第 97 章。联合国商品贸易统计数据库显示，2016 年国际货物贸易中，艺术品（第 97 章商品）全球出口总额约为 279.3 亿美元，中国艺术品出口额仅占当年世界艺术品出口总额的 0.79%。《商品名称及编码协调制度》中艺术品分类详见表 5-4。

表 5-4　《商品名称及编码协调制度》中艺术品分类

章目	编号	商品名称
第 97 章 艺术品、收藏品 及古董	9701	唐卡，手绘油画、粉画及其他画的原件、复制品，拼贴画及类似装饰板
	9702	雕版画、印制画、石印画的原本
	9703	雕塑品原件
	9704	邮票、印花税票及类似票证等
	9705	具有动、植、矿物学意义的收藏品
	9706	超过一百年的濒危野生动植物及其他超过一百年的古物

资料来源：《商品名称及编码协调制度》(2007 年版)。

从图 5-6 可看出，2009 年以前，我国艺术品出口额一直处于较低水平。2010~2013 年我国艺术品出口呈现短暂的井喷式增长，由不足 1 亿美元上升为近 11 亿美元，主要原因是我国为应对 2008 年的全球金融危机而采取了货币宽松政策，部分货币流入艺术品市场，加上我国股市较为低迷，投资者寻求替代性投资市场等因素，我国艺术品市场空前繁荣，艺术品出口剧增。随后由于国际市场需求下降，我国高质量、高价格的艺术品在市场上流通减少，2013 年达到顶峰后，我国艺术品出口的下滑趋势明显，至 2016 年我国艺术品的出口额锐减到 2.2 亿美元。

6. 文化产品出口市场

我国文化产品出口市场构成每年都会有一定的变化，但主要出口市

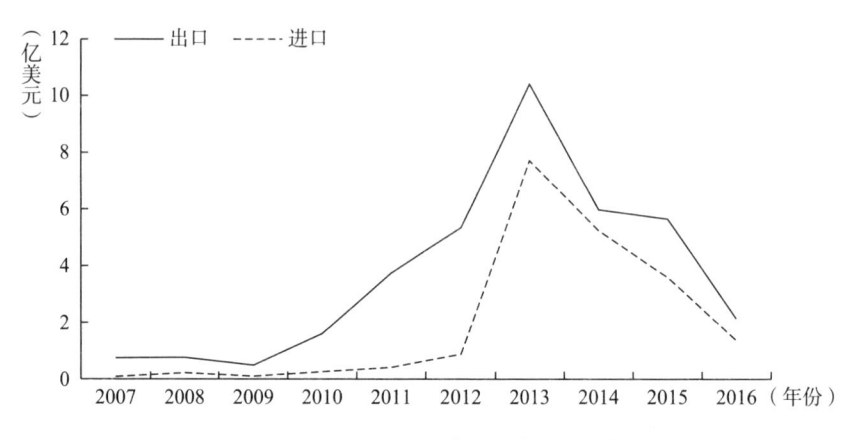

图 5-6 2007~2016 中国艺术品贸易额

资料来源:《中国统计年鉴》(2008~2017)。

场一直集中在固定国家和地区,如美国、中国香港、韩国、日本、新加坡、德国、英国、荷兰、意大利、印度、法国、加拿大、澳大利亚等,但也会有一些国家如西班牙、马来西亚分别在2011年和2015年进入我国文化产品出口市场前15位,2016年我国文化产品对主要贸易市场出口额如图5-7所示。

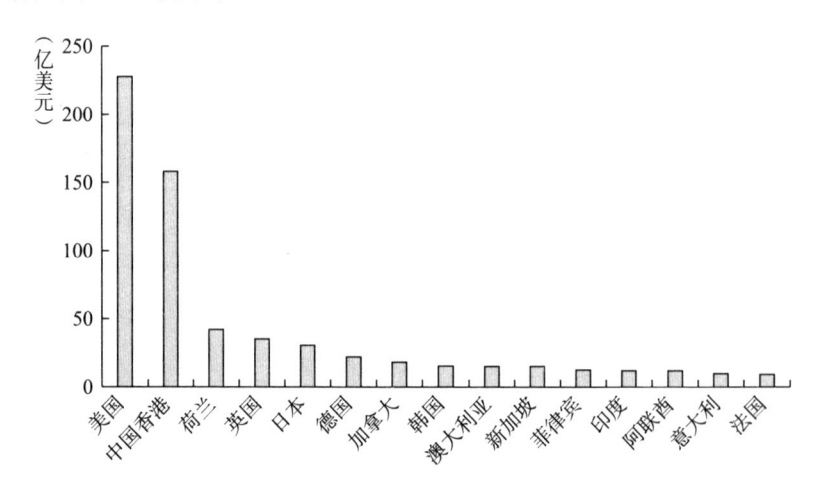

图 5-7 2016年我国文化产品对主要贸易市场出口额

资料来源:《中国文化及相关产业统计年鉴2017》。

2011年以来,美国和中国香港文化产品出口额一直占据我国文化

48

产品出口市场前两位,但两者不定期占据我国文化产品出口市场贸易额的首位,中国香港分别在2012年以257.86亿美元、2013年以323.17亿美元、2014年以514.64亿美元居首,美国则分别在2011年以150.58亿美元、2015年以240.47亿美元、2016年以227.76亿美元居于首位,成为我国文化产品最大的出口市场。

7. 文化产品进口市场

我国文化产品进口市场构成每年也会发生相应的变化,但主要进口市场一直集中在韩国、日本、德国、美国、法国、中国台湾、英国、意大利、中国香港、瑞士等地。但值得关注的是,东南亚国家如印度尼西亚、新加坡、缅甸、菲律宾等也是我国文化产品的主要进口来源国,如图5-8所示。越南在2016年以12.56亿美元居首,成为我国最大的文化产品进口来源国。韩国是我国第二大文化产品进口来源国。

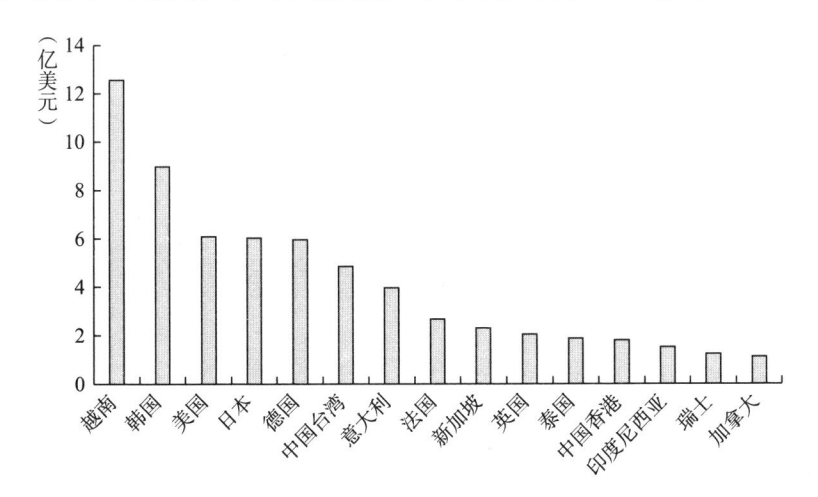

图 5-8 2016年我国文化产品自主要来源国(地区)进口额
资料来源:《中国文化及相关产业统计年鉴2017》。

8. 文化产业规模

我国对外文化贸易的发展建立在我国文化产业的发展基础之上,国内文化产业的发展规模逐年扩大,日益满足我国对外文化贸易的发展需要。从图5-9可看出,在我国一系列文化产业政策的支持下,2015

年，我国文化及相关产业增加值为 27235 亿元，同比增长 11%，占 GDP 比重为 3.95%；2016 年，我国文化及相关产业增加值为 30785 亿元，同比增长 13%，占 GDP 比重为 4.14%；2017 年，我国文化及相关产业增加值为 35462 亿元，同比增长 15%，占 GDP 比重为 4.29%，比 2015 年占比 3.95% 增加 0.34 个百分点，继续向国民经济支柱性产业迈进。产业规模越大，越能够为对外贸易提供充足的市场供给和需求，因此可以认为，产业规模与对外贸易呈正相关的关系。同时，我国文化及相关产业增加值的增长率自 2005 年以来一直保持着两位数增长，远远高于我国居民收入的增长率，说明我国文化产业的发展势头良好，国民文化消费热情高涨，文化产业占国内生产总值的比重会持续扩大。

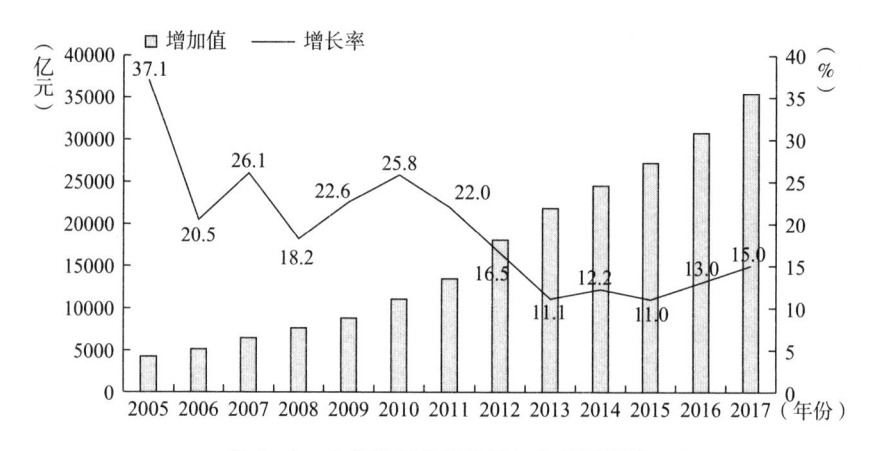

图 5-9 文化及相关产业增加值及增长率

资料来源：《中国文化及相关产业统计年鉴 2017》。

同时，从图 5-10 可看出，我国文化及相关产业法人单位数量也保持稳定增长，从 2004 年的 31.79 万个增长到 2016 年的 130.02 万个，其中文化服务业法人单位数量占比最高，发展也最为迅速，2004 年文化服务业法人单位数量 19.79 万个，占比 62.25%，2016 年文化服务业法人单位数量增长到 94.92 万个，占比 73%，可见我国服务业发展态势之迅猛。

文化及相关产业法人单位增加值也实现稳步增长，其中文化服务业和文化制造业的增加值大体相当，占比较大，但文化批发和零售业的增加值偏低（详见图5-11）。

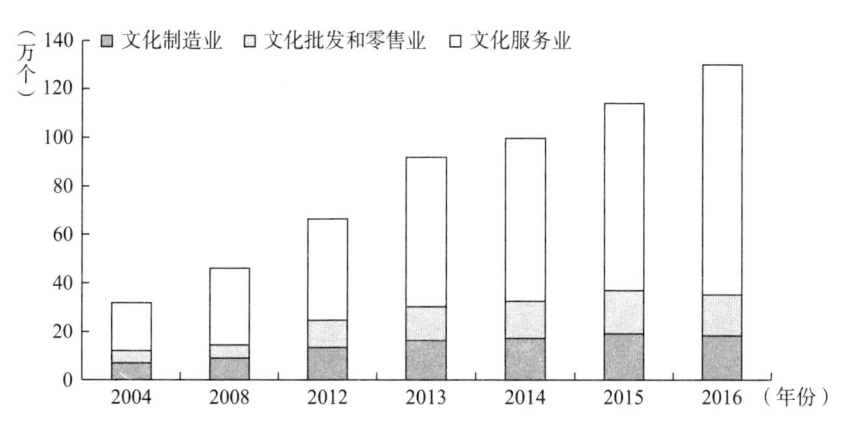

图5-10 文化及相关产业法人单位数量

资料来源：《中国文化及相关产业统计年鉴2017》。

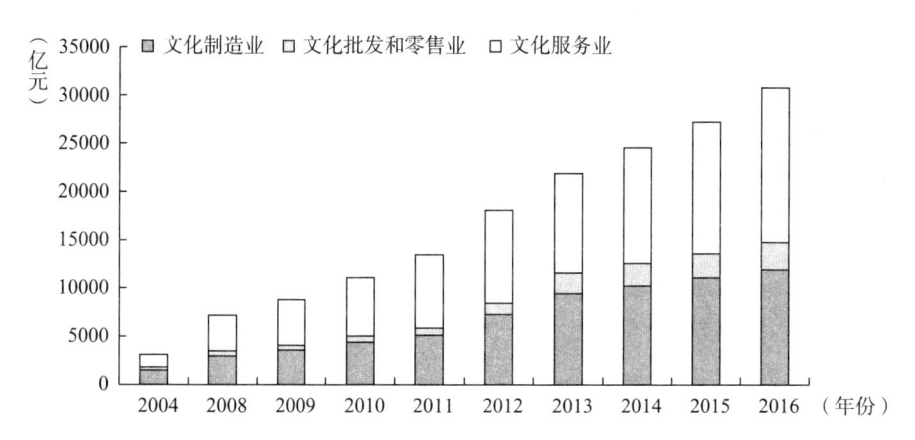

图5-11 文化及相关产业法人单位增加值

资料来源：《中国文化及相关产业统计年鉴2017》。

持续健康的经济发展能够为文化贸易提供充足的物质保障，从世界角度来看，一般文化贸易发展好的国家同时也是经济发达国家，如美国、英国、日本、韩国等。2017年我国GDP达827122亿元，按可比价格计算，同比实现6.9%的增长率，当前虽然经济增长有所减缓，但经济发展基本面向好，我国文化产品和服务在国际市场上的竞争力也不断

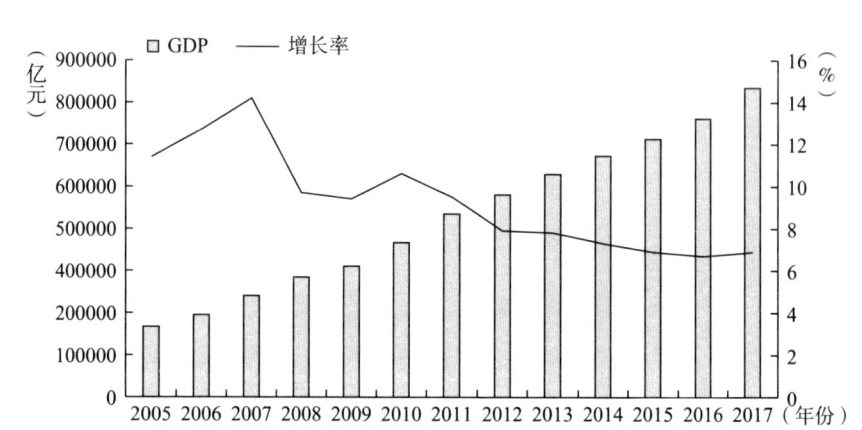

增强。我国 2005~2017 年的 GDP 及其增长率变化趋势详见图 5-12。

图 5-12 2005~2017 年我国 GDP 及增长率

资料来源：国家统计局。

三 计量模型

本章的研究表明，文化贸易随着我国经济发展水平的提高和文化产业的不断发展而不断扩大，那么文化贸易与我国经济发展水平之间是一种简单的单向促进关系还是互为因果关系，即文化贸易与经济增长之间是否存在内生关系，同时，文化产品和服务贸易分别如何影响经济发展，这是本节检验的重点。

（一）模型构建与数据选择

为了检验文化贸易与经济增长之间的关系，本节选择文化商品出口额（CGE）、文化商品进口额（CGM）、文化服务出口额（CSE）和文化服务进口额（CSM）为模型的自变量，以经济增长（GDP）作为因变量。为了有效保持统计的自由度和减少自相关，模型将分别检测文化商品进出口和文化服务进出口对经济的影响。与此同时，为了消除异方差，在分析时对各变量取自然对数，分别记为 $\ln GDP$、$\ln CGE$、$\ln CSE$，这种自然对数的变换不会改变模型的有效性。计量模型如下：

$$\ln GDP_t = \alpha_1 + \beta_1 \ln CGE_{t-1} + \varepsilon_1 \quad (5-1)$$

$$\ln GDP_t = \alpha_2 + \beta_2 \ln CGM_{t-1} + \mu_1 \quad (5-2)$$

$$\ln GDP_t = \alpha_3 + \beta_2 \ln CSE_{t-1} + \eta_1 \quad (5-3)$$

$$\ln GDP_t = \alpha_4 + \beta_2 \ln CSM_{t-1} + \lambda_1 \quad (5-4)$$

其中，常数 α_1、α_2、α_3 和 α_4 包含着除了文化商品出口贸易、文化服务出口贸易之外的其他所有因素的影响，ε_1、μ_1、η_1 和 λ_1 均为随机扰动项。这里以国内生产总值（GDP）作为经济增长的代表性指标，数据来源于国家统计局《中国统计年鉴2017》。因为国内生产总值为价值量指标，其变化受生产总量和价格变化的双重影响，为剔除掉价格变化的影响，本书对 GDP 数据通过国内生产总值指数进行平减，以 2005 年不变价格反映实际生产活动的成果。

文化贸易包括文化产品贸易和文化服务贸易两部分，因而本部分也将文化贸易中的商品贸易和服务贸易分开计算。由于我国 2005 年之前没有就文化贸易进行专门分类统计，并且目前国内出版的各项统计年鉴均不包括文化服务贸易数据，为了更好地适应及检验我国关于文化贸易及文化产业的定义和统计标准，本节选择由国家统计局出版的《中国文化及相关产业统计年鉴2017》中关于文化商品贸易的数据和联合国贸易和发展会议关于中国文化服务的数据。为剔除价格变化的影响，文化产品和服务出口额统一用居民消费价格指数进行平减，数据时间跨度为 2005～2016 年。

（二）实证过程与结果

1. 单位根检验

在进行时间序列回归分析时，需要平稳的时间序列，否则无法把握回归的可靠性。本书考虑的经济增长变量和文化贸易变量都为时间序列变量，因此有必要对变量进行平稳性检验。本书采用 ADF 单位根检验法对变量 lnGDP、lnCGE、lnCGM、lnCSE、lnCSM 进行平稳性检验，检验结果见表 5-5。

表 5-5 单位根检验

变量	ADF 检验值	P 值	5%显著水平临界值	结论
lnGDP	-1.492	0.537	-3.000	非平稳
lnCGE	-1.852	0.355	-3.000	非平稳
lnCGM	-2.112	0.240	-3.000	非平稳
lnCSE	-1.737	0.412	-3.000	非平稳
lnCSM	-1.149	0.995	-3.000	非平稳
D.lnGDP	-3.932	0.002	-3.000	平稳
D.lnCGE	-4.409	0.0003	-3.000	平稳
D.lnCGM	-6.241	0.000	-3.000	平稳
D.lnCSE	-4.000	0.001	-3.000	平稳
D.lnCSM	-5.162	0.000	-3.000	平稳

由表 5-5 可知，在 5%的显著性水平下，未经差分处理的时间序列变量 lnGDP、lnCGE、lnCGM、lnCSE、lnCSM 的 ADF 单位根检验值均大于临界值，因此均未拒绝存在单位根的原假设，即皆为非平稳序列。通过一阶差分后的时间序列变量 D.lnGDP、D.lnCGE、D.lnCGM、D.lnCSE、D.lnCSM 均能拒绝存在单位根的原假设，即皆为平稳序列，满足进行协整检验的前提条件。

2. 协整检验

本书采用 Johansen 检验来分别检验时间序列 lnGDP 和 lnCGE、lnGDP 和 lnCGM、lnGDP 和 lnCSE、lnGDP 和 lnCSM 之间的协整关系。对于滞后阶数的选择，本书根据 AIC 准则确定模型滞后阶数为 2 阶。检验结果见表 5-6。

由表 5-6 可知，lnGDP 和 lnCGE、lnGDP 和 lnCGM、lnGDP 和 lnCSE、lnGDP 和 lnCSM 之间的迹统计量值均大于 5%的临界值，即拒绝了无协整关系的原假设，而在检验至多存在一个协整向量的假设中，迹统计量值均小于5%的临界值,即接受了至多存在一个协整向量的原假设。因此,lnGDP和lnCGE、lnGDP和lnCGM、lnGDP和lnCSE、lnGDP和lnCSM这四组变量之间皆存在唯一的协整关系,其标准化的协整关系如表5-6所示。

表5-6 Johansen协整检验结果

变量组	原假设	迹统计量值	5%临界值	结论
lnGDP lnCGE	无协整向量 至多一个协整向量	26.690 3.253	15.41 3.76	存在一个协整向量
lnGDP lnCGM	无协整向量 至多一个协整向量	39.895 3.513	15.41 3.76	存在一个协整向量
lnGDP lnCSE	无协整向量 至多一个协整向量	25.819 3.533	15.41 3.76	存在一个协整向量
lnGDP lnCSM	无协整向量 至多一个协整向量	34.991 3.460	15.41 3.76	存在一个协整向量

$$\ln GDP = -0.075 + 0.120\ln CGE \qquad (5-5)$$

$$\ln GDP = -0.245 + 0.064\ln CGM \qquad (5-6)$$

$$\ln GDP = -0.107 + 0.127\ln CSE \qquad (5-7)$$

$$\ln GDP = 1.071 + 0.048\ln CSM \qquad (5-8)$$

通过协整方程可知,文化商品和文化服务的进出口都与我国经济增长呈正相关关系。其中,文化商品和服务出口每增加1%,经济分别增长0.12%和0.127%,文化商品和服务的进口每增加1%,经济分别增长0.064%和0.048%。综上所述,文化商品和服务的出口对我国的经济增长效用较为明显,文化商品和服务的进口对我国经济增长的效用较弱。

3. 格兰杰因果关系检验

协整检验验证了时间序列lnGDP和lnCGE、lnGDP和lnCGM、lnGDP和lnCSE、lnGDP和lnCSM之间存在协整关系,但这并不说明变量间必然存在因果关系。由于没有因果关系的变量之间常常有很好的回归拟合，所以回归分析本身不能检验因果关系的存在性，也无法识别因果关系的方向。格兰杰检验可以判断一个变量是不是另一个变量变化的原因，可以验证经济增长是否由文化商品和服务贸易引起的，以及文化商品和服务进出口是不是由经济增长引起的。

表5-7　格兰杰因果检验结果

原假设	F统计量	P统计值	结论
lnCGE 不是 lnGDP 的格兰杰原因	4.460	0.035	拒绝
lnGDP 不是 lnCGE 的格兰杰原因	2.412	2.412	接受
lnCGM 不是 lnGDP 的格兰杰原因	2.028	0.154	接受
lnGDP 不是 lnCGM 的格兰杰原因	0.399	0.528	接受
lnCSE 不是 lnGDP 的格兰杰原因	1.328	0.249	接受
lnGDP 不是 lnCSE 的格兰杰原因	5.747	0.017	拒绝
lnCSM 不是 lnGDP 的格兰杰原因	0.385	0.535	接受
lnGDP 不是 lnCSM 的格兰杰原因	5.061	0.024	拒绝

表5-7总结了格兰杰因果检验的结果：第一，文化商品出口是经济增长的格兰杰原因，但经济增长不是文化商品出口的格兰杰原因；第二，文化商品进口不是经济增长的格兰杰原因，同时经济增长也不是文化商品进口的格兰杰原因；第三，文化服务出口不是经济增长的格兰杰原因，但是经济增长是文化服务出口的格兰杰原因；第四，文化服务进口不是经济增长的格兰杰原因，但是经济增长是文化服务出口的格兰杰原因。综上所述，从长期看，文化商品出口的增长会拉动我国经济的增长，同时我国经济的增长会带动文化服务的进出口。也就是说，我国文化贸易存在以文化商品出口带动经济发展，经济发展再推动文化服务的进出口的发展路径。

第六章
文化贸易理论视角下我国民族文化产业快速发展的对策研究

随着世界及我国经济的快速发展,产业结构发生了巨大变化,一些高污染、高能耗的行业逐渐在世界范围内被淘汰,世界经济正在朝向低碳、绿色的环保产业转型。文化产业因其特有的文化经济属性在世界经济变革、产业创新、增加就业和保持经济活力上起了至关重要的作用。中国拥有丰富的文化资源和规模庞大的文化市场,为文化产业的发展和文化产业的对外贸易提供了良好的基础。根据林德的需求相似理论,文化贸易的产生是基于文化产业发展到一定水平之后,文化企业自发开拓国际市场的行为,这也是衡量当地文化产业竞争力的重要指标。我国"十三五"规划纲要提出"十三五"期间要实现"公共文化服务体系基本建成,文化产业成为国民经济支柱性产业"的目标,表明我国在下一阶段大力推动文化产业发展的决心和信心。文化已逐渐转变为新时代我国人民美好生活的有机载体,因此加快推动中国优秀文化产品进入国际市场,驱动文化产业提质增效发展,成为中国文明崛起不可绕过的话题。

一 问题的提出

每个地区和民族都有其特定的文化,即文化呈现多样性。文化多样性是不同民族在历史发展中客观形成的,也是一个民族继续生存下去的关键。我国民族文化资源丰富,民族文化产业既可指中国的文化产业,以民族代指国家,进一步延伸还可包括海外与中华民族有关的文化产业,也可特指中国少数民族文化产业。在民族学的研究中,民族文化产业往往是少数民族文化产业的简称,本书采用民族学的定义。民族文化资源是民族文化产业发展过程中重要的要素禀赋,而文化贸易则是文化产业的依托。我们可以通过文化贸易的方式带动民族文化产业健康、快速、有效地发展。因此,如何依靠文化贸易带动民族地区文化产业的发展,从而振兴民族经济,是我国文化产业发展过程中应当重视的问题。

文化是一个国家核心竞争力的重要组成部分,在综合国力竞争中的地位和作用日益突出。中国经济的快速发展使得中国拥有更高的国际地位,世界普遍希望更多地了解中国、认识中国,中国的文化形象也亟待为世界所知,因而我国对外文化贸易的发展恰逢其时。文化贸易同时也将促进民族文化的传承和保护,并提高民族文化竞争力和国家软实力。从企业和个人角度看,文化贸易增加了对文化产品与服务的创作者、生产者的回报,激发了文化创作与生产热情,使得文化的传承有了内生动力,文化传统也借由文化产品与服务的载体通过国际市场实现了全球传播。

我国是一个由56个民族组成的多民族国家,民族文化是我国文化的重要组成部分。民族文化是一个民族的血脉和精神家园,是民族向心力和创造力的内核。民族文化以其所独具的民族特性,成为我国文化产业中最具特色的一部分,振兴民族文化产业既是保持民族文化多样性、促进民族生存发展的需要,也是提升民族地区经济发展水平,推动社会主义文化大发展的需要。根据2010年人口普查资料数据,少数民族人口占全国总人口的8.5%。从地理分布来看,民族地区覆盖了我国西北、西南的广大边疆地区,也是我国实施对外贸易以及"一带一路"倡议的前沿地区。本书所指的民族文化产业,主要包括云南、贵州、广西、西藏、新疆、内蒙古、青海、宁夏8个民族省份及全国少数民族自治州、自治县的文化产业。近几年，民族文化产业发展迅速，产业规模不断壮大，但是与东部发达省份的差距还十分明显。民族文化产业链较为低端、产品结构不完整、企业专注于国内市场，使我国民族文化产品的国际影响力还存在一定的劣势。在全球经济一体化的趋势下，要使我国民族文化得以顺利传承，需要对我国民族文化的资源充分挖掘，提升民族文化的产业规模，积极参与全球文化市场竞争，将民族文化资源的比较优势转化为民族文化产业的竞争优势，只有这样才能立于世界文化之林。

二 民族文化产业发展特征和存在的问题

改革开放后，民族地区经济发展水平和人民生活水平逐步提高，但是民族文化产业尚不发达，远远落后于东部沿海地区。为了进一步引导民族文化产业提质增效发展，需要厘清民族文化产业发展过程中存在的问题，以便有针对性地提出建议和采取措施。

（一）民族文化产业基础薄弱，产业化意识薄弱

我国新疆、西藏、宁夏、内蒙古等民族地区具有丰富的民族文化资源，但由于产业化意识薄弱，不能将民族文化资源优势转化成文化产业的发展优势以及带动文化产品的对外贸易，因而对就业率增长、产业化发展以及当地经济增长的带动能力有限。另外，偏远民族地区的文化资源分布较广，加上道路交通、地理位置等方面的特点，文化产品的生产和加工很难向规模化、聚集化发展，从而实现文化产业的规模经济效应。因此，我国偏远民族地区的整体文化投资普遍匮乏，加上少数民族地区的财政扶持能力有限，导致我国偏远民族地区的文化产业化发展明显落后，市场化程度普遍不高。

这几年，国家大力发展文化产业，民族地区的文化产业建设取得长足进步，但是与国内北京、上海、浙江等发达省份相比，依然存在诸多问题，具体表现为文化产业规模较小、产业结构不完整、文化资源发掘不充分以及对外贸易参与度低等问题。尤其是民族文化资源没有被充分开发和聚集，在文化产业的实际运作中存在诸多随意性和短视性问题，例如民族旅游、民族演艺、民族工艺品、民族文艺创作之间缺乏紧密的联系与合作，导致文化产业的核心竞争力不足，从而无法满足广大民众对于民族文化产业更高的消费需求。

（二）文化产业区域发展不合理，民族地区文化产业产值占GDP比重较低

我国文化产业的发展由东向西呈现明显的阶梯状分布，我国东部沿海地区的文化产业化水平明显高于西部民族地区。东部沿海省份的文化产业从业人员、资产总额、主营收入、文化产业增加值均高于西部民族地区。虽然民族地区文化产业占GDP比重这一核心指标增长较快，但是比重较低。2016年全国文化产业增加值为3.1万亿元，占GDP比重为4.14%，8个民族省份的文化产业增加值不足2000亿元，不及广东、江苏的一半，且占GDP比重均低于全国平均水平。如同文化产业一样，东部沿海地区文化产品出口额占我国文化产品出口总额的93.4%，广东、浙江、江苏三省文化产品出口额合计占文化产品出口总额的79.4%。虽然民族地区出口增长势头迅猛，但是占比仍然过低。我国民族地区中广西壮族自治区的文化贸易增长速度最快，2018年第一季度，广西壮族自治区的文化产品出口额为23.1亿元，同比增长67.8%。相比之下，我国西北部民族地区的文化贸易较为落后，其中青海省、宁夏回族自治区基本没有文化及相关产品的出口，2018年上半年新疆维吾尔自治区的文化产品出口额同比下降了14%。与此同时，受民族地区经济落后、文化产业起步晚的影响，以数字化、信息技术为

主的版权服务、新闻出版、广播影视、文化艺术、文化创意等核心文化产品比重小、实力弱、数量少的特征明显。可见，我国民族地区的文化产业要实现成为国民经济支柱性产业的目标仍任重而道远。

（三）民族文化产业人才匮乏，产业创新力不足

文化产业是内容产业，文化产品和服务的文化内涵决定了其经济价值和市场竞争力。人才是掌握文化内涵的核心和主体，是文化产业发展的第一资源。我国8个民族省份文化产业从业人员共计58.91万人，占全国文化产业总从业人员的5.6%，远远不能满足民族文化产业的发展要求。人员素质上，民族地区也具有明显的弱势，民族地区的整体受教育水平仍落后于全国平均水平。特别是在市场经济条件下，人才的流动性加大，加速了民族地区的人才外流。具备文化市场专业知识和企业管理、市场营销、企业金融等知识的复合型人才更是缺乏，而外部人才出于发展前景、收入等方面原因更是很少考虑去民族地区工作。受人才缺乏等因素的制约，民族地区的文化资源很少进行横向或纵向的延伸，如改编成动画片、电影以及文化创意产品，因而民族文化产业创新程度、科技含量以及经济价值较低。

（四）民族文化产业内向化、同质化现象严重，难以形成竞争优势

改革开放后，在40多年的发展过程中，我国的民族文化产业主要满足国内需要，处于内向型阶段，并没有像我国制造业一样，世界各国随处可以看到中国制造的产品。同时，民族文化产品和服务的交易大多数发生在游客与当地村民及旅游商店之间，且比较分散，发生的文化贸易行为难以严格统计。另外，民族文化产业发展总体上走的是加入基础设施改造、环境美化等硬件投入的思路，将游客"引进来"和"留下来"。但是在此过程中，文化产品同质化倾向严重，甚至出现"千城一

面"的局面。这需要从根本上反思文化旅游的发展策略,仅仅依靠旅游商品和舞台表演来获得经济收益,难以形成产业规模。

我国民族文化资源的多样性、差异性和独特性是发展民族文化产业的依托和保障,也决定了民族文化产业发展的特色化路径。然而民族地区文化旅游产业缺乏与工艺美术业、会展业、文化创意及娱乐业等文化资源的深度结合,造成了产品附加值低和不同民族地区之间文化旅游业同质化竞争现象严重的局面。少数民族地区文化产业的政策法规相对不够健全,尤其是对知识产权的保护意识弱,民族文化市场的趋同性、模仿性现象比较明显,缺乏民族文化内涵和精神,难以形成产业竞争优势。随着我国文化产业的深入发展,我国的民族文化产业也需要不断地加强对知识产权的保护,加强科技创新,推动民族文化产业的特色化发展,充分释放民族地区独特的文化资源禀赋,扭转民族文化产业内向化、同质化的局面。

三 文化贸易理论视角下的对策和建议

我国文化发展"双轨制"逐渐由事业化倾向于市场化,因此不断提高产业的竞争力是发展民族文化产业的当务之急。民族文化产业的全面、快速发展离不开国家文化政策的调整,尤其是对文化贸易的重视,需要大力培育民族文化产业"走出去"的勇气和胆量,不断地创新,摆脱民族文化产业发展中面对的不利局面。

(一)依托文化产业大发展战略,加强对民族文化产业的政策扶持

民族文化产业是中国文化产业的重要内容,发展民族文化产业是全国文化产业大发展、大繁荣的重要工作任务。2009年,我国第一部文化产业规划《文化产业振兴规划》中明确提出,重点扶持具有特色的

民族文化产品和服务的出口，是国家文化产业发展的重点。2014年国务院发布的《关于加快发展对外文化贸易的意见》指出，我国文化贸易额占对外贸易总额的比重还略低，有待进一步发展，并将发展文化产业、推动对外文化贸易与促进经济结构调整、产业结构优化升级相结合，与扩大国内需求、改善人民群众生活相结合，将促进服务业发展、拉动消费和投资增长作为今后的工作重点。

由于民族地区社会资本的薄弱以及市场发育的滞后，政府作为产业推手的作用明显。民族文化产业开发要遵循民族文化特性和经济发展规律，要树立科学的、可持续发展的文化产业发展观，结合民族地区实际，以政府、国有企业为引导，注重市场规律和市场需求，带动当地民营企业热情，共同促进民族文化产业的发展。同时，加强民族文化产业的对外经贸交流与合作，吸引外部资本进入民族地区，以民族文化资源为依托开发民族文化产品品牌，促进民族文化产业升级，提高民族文化产品的生命力和竞争力。

（二）制定生产与保护相结合的民族文化资源开发策略

少数民族文化是中华民族文化的重要组成部分，是充分体现世界文化多样性的重要遗产，得到联合国教科文组织等国际组织的高度重视。由于我国民族文化面临文化全球化的冲击，因而民族文化重"保护"、轻"生产"成为一种文化思潮。应当将保护民族文化的意识贯彻到文化产品的生产中，将民族文化保护作为振兴民族文化产业的基础，通过生产来保护民族文化，才符合社会经济发展的规律。同时，文化生产要体现经济效用，才能开发出极具生产力的文化产品，也就是说将生产作为目的，将保护作为手段。我国优秀的文化产品如丝绸、瓷器、茶叶都是在贸易的推动下得到不断发展，显示出强大的生命力。因此，民族文化产业需要积极参与国际市场竞争，充分利用独特的民族文化积淀，在继承和发扬传统民族文化的基础上不断创新，开发具有当代民族特色的产品，而不仅仅是传统技法的复制与保护，从而保护民族文化产业的可持续发展。

（三）利用民族文化资源禀赋优势，推动民族文化产业转型升级

文化资源是民族地区经济发展的要素之一，也是文化产业发展的前提和基础。虽然民族地区具有丰厚的文化自然资源，但制约民族文化产业发展的因素也是多方面的，民族文化产业面临中低端产品供给过剩、高端产品供给严重不足的结构性矛盾，需要进一步优化资源配置，提升文化资源的生产率和转换率。因此，文化资源产业化开发要充分结合当前经济活动，不断催生民族文化传媒产业、文化创意产业、娱乐业、数字文化产业等新的产业形态。同时，加快文化服务产业等重点领域转型发展步伐，有力地拓展海外文化服务新市场，加速发展民族文创、民族影视制作、民族版权交易等新兴国际文化贸易业务。在新一轮科技革命和产业变革的关键时期，民族地区需紧抓文化创新工作，利用数字技术、互联网、人工智能等高新技术推动文化产品和服务的生产进程。推进民族文化产业领域的供给侧结构性改革，是民族文化产业升级的迫切需要。

（四）加强人才队伍建设，培育民族特色文化品牌

复合型人才是文化产业发展的中坚力量，民族地区各级政府应该加强对文化产业专业人才的培育和引进。在培养民族文化专业人才时要把握专业知识与产业发展相互协调的科学机制，采取开放式的教学思路，加强跨学科建设，培养兼具现代企业运营能力与民族文化专业知识的复合型人才。还要重视文化产业就业人员的在职教育和岗前培训，加强高等院校和社会教育服务机构对文化企业经营者和创业者有针对性的技能培训，不断丰富文化产业就业人员的专业知识，提高其业务素质。同

第六章 文化贸易理论视角下我国民族文化产业快速发展的对策研究

时,积极创造各种条件完善人才引进机制,努力形成良好的创业环境,欢迎其他省份的大学毕业生来民族地区创业。利用政府的政策支持,力争发挥好企业、高校、政府之间的积极正向循环作用。通过构建学术平台,举办国际展览、交流会等方式与国内外专家进行交流,吸收国内外先进产业经验,为民族文化产业发展注入活力。

挖掘产品特色是提高文化产业竞争力的主要手段。要提升民族文化产业竞争力,就需进一步培育民族特色文化品牌。民族特色文化品牌的开发,既要保持民族特性,也要适应市场需求。广西、云南、贵州等省区依托民族歌舞资源与自然资源,打造出《丽水金沙》《云南映象》《多彩贵州风》等大型旅游演艺实景表演,成为民族文化资源开发和利用的成功商业模式。进一步加强对地缘相近、文脉相承区域的统筹协调,将特色文化产业发展纳入民族地区城镇建设规划,在保护历史文化的基础上因地制宜发展特色文化产业,建设一批文化特点鲜明和主导产业突出的特色文化产业示范城镇与街区,推动民族文化产业有序集聚。

(五)依托文化贸易完成民族文化产业的战略转向

中国文化产业的发展除了具有明显的东西差异外,还有明显的地域特征。东部沿海地区具有明显的经济和对外贸易优势,可以以高新技术为依托,引领国内的文化产业发展。我国西南民族地区在发展民族风情旅游方面,已经具有成熟的发展模式,即以民族旅游品牌带动文化旅游业发展。同时,西南民族地区地理位置优越,紧邻珠三角经济区和东盟自贸区,而且是我国"一带一路"倡议的重要出口,为文化产品和服务"走出去"提供了更为便捷的条件。

我国民族地区文化资源丰厚,特别是丝绸之路和藏羌彝南北两条带状走廊,对加快西部民族地区文化产业发展具有重要意义。民族文化产业发展与民族文化贸易要互为依托。民族地区要立足于我国庞大的文化市场需求以及大众消费结构的升级,抓住"一带一路"建设的良好机遇，推动我国民族文化产业的转型升级，构建全领域、多层次的文化产业发展新格局，不断提高国际竞争力和文化"软实力"，把更多具有中国民族特色的优秀文化产品推向世界，使其成为世界文化产业的重要组成部分。

第七章
文化贸易国际比较研究

  随着中国与世界的联系日益紧密，全球经济一体化逐步深入，国际文化贸易对我国经济发展也产生重要促进作用。但是在当今有无数外语人才的情况下，文化距离和文化差异的影响依然存在。除了语言之外，两个国家的国民在价值观念、偏好、习俗、信仰等方面也存在差异，这些都对国际文化贸易产生了不小的影响。本章分析以美国为代表的北美文化贸易，以英国、法国和德国为代表的欧洲文化贸易以及以中国、日本和韩国为代表的东亚文化贸易。一方面是由于这三个地区代表了不同的地域和文化，另一方面是因为这三个地区的文化贸易占据着国际文化贸易的主导位置。本章依据联合国贸易和发展会议（UNCTAD）创意经济数据库及联合国教科文组织的数据对文化产品与服务贸易发展概况进行国别比较，总结了国际创意商品贸易区域性发展概况和现状，将创意商品贸易数据更新到2015年，并运用数据的分析结果衡量各国创意商品和创意服务的国际竞争力，以联合国贸易和发展会议创意经济数据库为基础选取国际市场占有率、贸易竞争力指数、显示性比较优势指数作为国际比较评估的指标。

  综观当前的文化贸易相关文献，可以发现已经有大量学者对国际文化贸易的概念内涵、国际文化贸易的国别比较、国际文化贸易的竞争力指数等方面进行了研究，并对中国的文化贸易发展提出了具有借鉴意义的建议。如郭新茹等（2010）从市场关联性角度入手，分析了中国和韩国在文化贸易上的关系究竟是一种竞争关系还是互补关系，研究结论支持中国和韩国的文化贸易更多地呈现为一种互补关系。郑承军等（2016）通过对中国首都北京的文化贸易竞争力进行研究，结合国外文化贸易发展经验对我国文化产品贸易结构的不合理原因进行分析，并提出了优化我国文化产品贸易结构的对策建议。罗立斌、孙俊新（2013）从要素禀赋角度分析了我国文化贸易国际竞争力强弱的成因，并从国际市场占有率、贸易竞争力指数和显示性比较优势指数方面比较中国、印度、美国、英国、韩国的国际竞争力，得到了发达国家和发展中国家若在文化贸易模式方面显著不同，其文化贸易国际竞争力就显著不同的结论。这些研究成果对本书的撰写有很大的借鉴意义，为本书选取国际文化贸易研究的分析角度、数据来源并进行定量计算提供了大量帮助。

一　文化贸易的国际统计标准

（一）国际文化商品分类标准

作为衡量和分析文化的全球领先者，联合国教科文组织将文化贸易分为文化商品和文化服务。在《2009 年联合国教科文组织文化统计框架》中，文化商品被定义为"传达思想、符号和生活方式的货物，一些可能受到版权保护"。同时，文化商品也是"体验商品，意味着消费者只有在消费后才能确定其价值"。因此，文化商品与其他产品不同，其价值与消费者的欣赏有着内在的联系。

2009 年联合国教科文组织将文化部门中的核心领域与相关领域区分开来。文化领域与艺术和传统联系在一起，而相关领域体育、娱乐和旅游是指部分文化活动，主要与休闲和娱乐有关，后者使用了更广泛的区域性定义，最终联合国教科文组织将文化核心领域界定为如下六大类：（1）文化和自然遗产（博物馆、文化景观、自然遗产）；（2）表演和庆典（表演艺术、音乐、节日、展览会、庙会）；（3）可视艺术和手工艺（美术、摄影、手工艺）；（4）图书和出版（书籍、报纸、杂志、其他印刷品、图书馆）；（5）音像和互动媒体（电影和视频、动漫、电视和广播、互联网在线播放、电子游戏）；（6）设计和创意服务（时装设计、平面造型设计、室内设计、园林设计、建筑服务、广告服务）。

联合国贸易和发展会议采用了范围更广的创意商品定义，其创意商品包含了研发、服装业、数据库、软件、计算机、音乐、电子游戏、表演艺术、电影和录像、美术、摄影、建筑、广告服务、博物馆设计服务、出版等。其创意经济数据库上统计了艺术工艺品、视听教具、设计、新媒体、表演艺术、出版、视觉艺术的创意商品数据，与联合国教科文组织2009年的分类相比大体相似，只是缺少了一项文化和自然遗产的分类。由于其创意经济数据库的数据可获取性，本书将按照该数据库的分类进行统计汇总，进行国际竞争力指标的定量计算。

联合国贸易和发展会议与联合国教科文组织稍有不同，将范围扩大到"创意经济"这一主题。创意经济是文化贸易的别称，是一个新兴的概念，强调在一个由图像、声音、文本和符号主导的当代世界中，处理创造力、文化、经济和技术之间的内在联系。首先看创意产品和创意服务的区别。对于创意产品，联合国贸易和发展会议的定义是"具备创意内容、经济与文化价值以及市场目标的有形产品的创造、生产和分销全过程"，具体包括设计品、艺术品、视觉艺术品、出版物、表演艺术品、新媒介、视听产品。创意服务包括广告、市场调研和公共意见调查服务，建筑、工程和其他技术服务，研究开发服务，个人、文化和娱乐服务。如今创意产业是世界经济中最具活力的产业之一，为发展中国家经济发展提供了新的机遇。创意商品包括所有生产和销售的具有创意内容、经济和文化价值和市场目标的有形产品。

（二）国际文化服务分类标准

根据联合国贸易和发展会议创意经济数据库可查阅2003～2012年

数据，无法更新到最新的年份以衡量最前沿的国际文化服务贸易发展。联合国教科文组织2016年的文化贸易发展报告提供了其他特许权使用费和许可费，书籍、唱片和录音带，实况转播及录音，计算机软件，电影和电视磁带发行这几个方面的文化服务数据，还提供了各国2002~2013年的文化服务贸易流动总量。

基于上述分析，由于联合国贸易和发展会议创意经济数据库所提供的国别文化服务贸易数据中有大量缺失值，本书在进行国别间文化服务贸易对比时，选用联合国教科文组织的文化服务数据进行2002~2012年国家间国际竞争力衡量指标的计算。

二　北美的国际文化贸易（美国）

（一）美国文化贸易政策——自由化

美国无论从经济实力还是科技实力方面，都为文化贸易的发展提供了一个良好的基础。同时，美国相对完善的文化贸易政策及法律，也使得美国文化贸易在国际市场独树一帜（李小牧，2014）。从法律政策方面来看，美国是非常注重知识产权保护的国家，它的版权保护意识可以追溯到1790年的版权法。美国历史上颁布了众多保护和支持文化产业和版权贸易发展的法规文件，所以美国通常将文化贸易称为版权贸易。从人才培养政策方面看，美国的动漫游戏业十分发达，文化产业与文化管理在全美已经形成了一门学科，大批与文化产业、文化贸易管理相关的高级人才源源不断地输入美国市场。从国家资金政策方面看，美国实行全开放政策及资金支持政策，对内放松管制，对外积极扩张，与此同时，美国将文化产业看作其经济发展的软实力，将文化产业作为提升国家GDP的关键要素。更为重要的是，随着全球文化经济一体化的推进，美国认为文化意识形态的输出非常重要，可以影响和改变人的思想，并且，得到被输出国的广泛接受可以巩固其在世界的霸权地位。

（二）美国创意商品贸易国际竞争力比较

在国际文化统计中，文化商品和服务的国际贸易统计是衡量文化贸易发展的两个标尺。定量衡量各国文化贸易发展现状主要分析各国在国际上的竞争力，那么，本书对国际竞争力的测度主要采用国际市场占有率、贸易竞争力指数和显示性比较优势指数等指标，分别测度各国文化商品和文化服务的国际竞争力，并选取美国，英、法、德，中、日、韩进行对比。

1. 国际市场占有率

国际市场占有率（IMS），是指一个国家某类商品的出口总额占世界此类商品出口总额的比例，是反映一个国家某个产业出口竞争力的指数。其计算公式为 IMS = 该国出口总额/世界出口总额，该指数越大，表明一国某个产业在国际上的竞争力越强，国际竞争地位越高。从表7-1可以看出，美国创意商品的国际市场份额在 7.19%~8.81%，近年来处于平稳趋势，无较大波动。

表 7-1 美国创意商品出口额及国际市场占有率

单位：百万美元，%

年份	世界创意商品出口总额	美国创意商品出口额	国际市场占有率
2002	208492.90	17237.16	8.27
2003	232026.12	17887.27	7.71
2004	263193.59	20125.42	7.65
2005	291592.37	23110.31	7.93
2006	317412.77	26783.90	8.44
2007	400620.01	35278.23	8.81
2008	439172.46	37546.00	8.55
2009	377284.35	32451.16	8.60
2010	419766.03	33902.08	8.08

续表

年份	世界创意商品出口总额	美国创意商品出口额	国际市场占有率
2011	491535.65	36224.96	7.37
2012	519893.64	37790.74	7.27
2013	531787.88	38994.82	7.33
2014	577190.81	41521.87	7.19
2015	509752.65	40503.67	7.95

2. 美国创意商品国际竞争力比较

贸易竞争力指数又称 TC 指数，等于一国某创意商品/服务出口和进口的差额同一国创意商品/服务进出口总额之比，公式为：$TC = \frac{X_i - M_i}{X_总 + M_总}$，TC 指数取值范围介于 -1～1，取值越大表明一国某种商品或服务的国际竞争力越强。TC 指数值为 1 时表示一国的商品或服务只出口不进口，说明一国商品或服务在国际贸易市场上具有很强的竞争力；TC 指数值为 -1 时表示一国的商品或服务只进口不出口，说明一国商品或服务在国际贸易市场上基本不具有竞争力；TC 指数值为 0 时表明一国商品或服务处于贸易平衡状态。

显示性比较优势指数又称 RCA 指数，是一国某种创意商品或服务的出口额占全世界该种创意商品或服务出口总额中的份额与该国所有商品或服务的出口额占世界总出口中的份额的比值，公式为：$RCA = \frac{X_i / X_{世界}}{X_{所有} / X_{世界}}$。一般来说，RCA 指数值 > 2.5，表明该国的该商品在国际上具有很强的国际竞争力；若 RCA 指数值在 1.25～2.5，表明该国的商品或服务在国际上具有较强的国际竞争力；若 RCA 指数值在 0.8～1.25，表明该国的商品或服务在国际上具有中等的国际竞争力；若 RCA 指数值 < 0.8，则表明该国的商品或服务在国际上基本不具有竞争力。

从表 7-2 来看，美国的艺术工艺品、新媒体、视觉艺术、设计、

表7-2 美国TC指数和RCA指数

年份	TC指数							RCA指数						
	艺术工艺品	视听教具	设计	新媒体	表演艺术	出版	视觉艺术	艺术工艺品	视听教具	设计	新媒体	表演艺术	出版	视觉艺术
2002	-0.62	-0.03	-0.75	-0.47	-0.58	-0.27	-0.43	0.88	1.31	0.63	1.68	1.36	1.50	2.20
2003	-0.64	-0.02	-0.76	-0.32	-0.58	-0.26	-0.35	0.81	1.41	0.61	2.06	1.32	1.52	2.26
2004	-0.63	-0.01	-0.75	-0.32	-0.55	-0.26	-0.31	0.84	1.42	0.62	1.89	1.39	1.41	2.54
2005	-0.63	-0.04	-0.73	-0.27	-0.51	-0.25	-0.23	0.80	1.22	0.62	1.88	1.47	1.41	2.68
2006	-0.63	0.03	-0.70	-0.32	-0.48	-0.23	-0.19	0.69	1.13	0.65	1.74	1.35	1.32	2.84
2007	-0.64	0.05	-0.68	-0.35	-0.44	-0.16	-0.19	0.58	1.37	0.59	1.53	1.24	1.24	2.94
2008	-0.63	0.17	-0.64	-0.38	-0.42	-0.12	-0.06	0.55	1.37	0.59	1.30	1.26	1.27	3.34
2009	-0.62	0.23	-0.61	-0.37	-0.32	-0.02	0.02	0.52	1.38	0.61	1.25	1.40	1.34	3.55
2010	-0.63	0.23	-0.63	-0.37	-0.37	0.01	-0.08	0.53	1.35	0.62	1.31	1.39	1.53	3.23
2011	-0.65	0.24	-0.60	-0.31	-0.31	0.02	-0.09	0.51	1.41	0.63	1.36	1.58	1.58	3.22
2012	-0.66	0.41	-0.56	-0.35	-0.29	0.01	-0.11	0.51	1.57	0.65	1.32	1.67	1.64	2.82
2013	-0.67	0.44	-0.55	-0.39	-0.30	0.00	-0.15	0.48	1.74	0.67	1.41	1.61	1.57	2.83
2014	-0.69	0.42	-0.55	-0.44	-0.32	-0.04	-0.03	0.48	1.58	0.64	1.34	1.60	1.52	3.68
2015	-0.70	0.29	-0.59	-0.52	-0.34	-0.07	-0.09	0.49	1.33	0.67	1.09	1.63	1.48	2.74

表演艺术 TC 指数值介于 -1 和 0 之间，都是进口大于出口；视听教具 TC 指数值居于 -0.04 和 0.44 之间，从 2006 年开始不依赖于进口，转而出口；出版 TC 指数值居于 -0.27 和 0.02 之间，从 2010 年开始进出口平衡，但从 2014 年开始又倾向于进口。综上来看，美国的创意商品贸易结构是依赖于进口的。从 RCA 指数来看，美国的艺术工艺品、设计 RCA 指数值总体介于 0.4 和 0.8 之间，且不具有国际竞争力；视觉艺术 RCA 指数值大于 2.5（大部分年份），具有很强的国际竞争力；视听教具、新媒体、表演艺术、出版则具有中等的国际竞争力。

（三）美国创意服务贸易国际竞争力比较

由 2003~2012 年美国创意服务方面的数据得到表 7-3 的计算结果，美国创意服务国际市场占有率为 18.23%~28.05%，2003~2010 年国际市场占有率逐渐下降，2011 年开始回升。根据表 7-3 中 TC 指数来看，美国创意服务 TC 指数值为正，为 0.49~0.56，可以看出美国创意服务已经实现贸易顺差；从 RCA 指数来看，美国创意服务 RCA 指数值为 1.05~1.26，具有较强的国际竞争力。综上来看，美国的创意服务在国际上的竞争优势显著，其中，好莱坞电影作为宣扬美国价值观、生活方式和国家形象的一大阵地，虽然影片产量只有全球的 6.7%，但是占全球总放映时间的 50% 以上，占全球电影票房的 70% 以上。并且，好莱坞 7 家大型影业公司，每家公司在海外都能够获得十几亿美元的票房收入。同时，美国是世界上最大的电视节目出口国，其广播电视产业控制了全球将近 75% 的电视节目的生产制作，每年向全球 160 多个国家和地区出售的节目时长达 30 多万小时（佟东，2016）。

表 7-3 美国创意服务贸易竞争力比较

年份	IMS 指数（%）	TC 指数	RCA 指数
2003	28.05	0.51	1.22
2004	25.45	0.50	1.24

续表

年份	IMS 指数（%）	TC 指数	RCA 指数
2005	23.49	0.51	1.26
2006	23.20	0.53	1.12
2007	21.76	0.56	1.12
2008	19.38	0.54	1.05
2009	18.46	0.51	1.07
2010	18.23	0.52	1.06
2011	19.14	0.53	1.07
2012	23.34	0.49	1.05

三 欧洲的国际文化贸易（英、法、德）

（一）欧洲文化贸易政策——保护制

欧洲具有良好的经济基础、深厚的历史文化底蕴以及完善的法律制度，这为欧洲的文化贸易提供了有力保障。英、法、德等国家凭借其丰富的历史文化资源和发达的经济，一直走在全球文化贸易的前沿。英国是广告业的翘楚，德国是出版业和会展业的领军者，戏剧和博物馆是法国的重要文化产业，现在英国已经成为世界第二大创意产品出口国，德国已经成为仅次于美国的第二大出版国，且文化产值仅次于制造业（机械产业、汽车产业）。欧洲国家政府深刻意识到文化产品所具有的意识形态关系到一国的国民素质、民族团结和向心力，更关系到一个国家的形象和安全，所以率先提出"文化不是一般商品""文化例外""文化多样性"等概念，并且抵御来自美国文化的入侵，形成保护本区域文化的同盟军，与美国的"单边文化战略"相抗衡。那么，本部分将探究欧洲各国为维护本国的文化利益所采取的保护政策对欧洲国际文化贸易竞争力的影响。

（二）欧洲创意商品贸易国际竞争力比较

1. 国际市场占有率

根据表 7-4 所示，由国际市场占有率公式计算，2002~2015 年德国的创意商品国际市场占有率最高，介于 5.05% 和 8.33% 之间；英国次之，介于 3.77% 和 6.69% 之间；法国紧随其后，介于 3.71% 和 6.76% 之间。从英国的国际市场占有率来看，从 2003 年起，有下降的趋势，从 2003 年的 6.69% 逐渐降至 2014 年的 4.19%。从法国的国际市场占有率来看，2002 年起法国的国际市场占有率较为平缓，在 4% 左右，且在 2015 年有增长之势，达到 6.76%。从德国的国际市场占有率来看，2002~2015 年德国的国际市场占有率呈现 U 形分布，即 2002~2008 年呈现增长趋势，从 6.89% 增长到 8.33%，随后，2009~2015 年又有降低趋势，从 8.17% 降至 5.08%。综上来看，英国、法国、德国三国的创意商品贸易国际市场占有率体现了欧洲国家作为文化贸易传统强国的地位。

表 7-4　欧洲主要国家市场占有率

单位：%

年份	英国	法国	德国
2002	6.52	4.15	6.89
2003	6.69	4.37	7.12
2004	6.25	4.30	7.28
2005	6.14	4.21	7.44
2006	5.92	4.26	7.76
2007	5.82	4.08	8.15
2008	4.87	4.08	8.33
2009	3.77	4.10	8.17
2010	4.70	3.84	7.14
2011	4.28	4.02	6.69
2012	4.42	3.81	5.49
2013	4.09	3.96	5.29

续表

年份	英国	法国	德国
2014	4.19	3.71	5.05
2015	5.09	6.76	5.08

2. 英国的国际竞争力

英国的创意产业增长迅速，逐渐发展成为英国第一大产业，产值约占GDP的7%，增长率接近4%。创意产业远高于其他行业的增长速度，成为英国经济增长的最大动力。由表7-5可得2002~2015年英国文化贸易构成的TC指数和RCA指数，从英国的TC指数来看，艺术工艺品、表演艺术、视听教具、设计、新媒体的TC指数值大多介于-1和0之间，呈现明显负值，表明在这方面依赖于进口；视觉艺术的TC指数值虽然总体上呈现正值，但从数值上看，自身的竞争力不强。另外，出版的TC指数值基本上为正，说明在出版类商品上英国具有一定的优势。从英国的RCA指数来看，英国的视觉艺术RCA指数值介于3.45和4.42之间，大于2.5，具有很强的国际竞争力；艺术工艺品、设计、表演艺术RCA指数值介于0和0.8之间，在国际上不具有国际竞争力；视听教具和出版RCA指数值大多数在1.25之上，具有较强的国际竞争力。

3. 法国的国际竞争力

根据表7-6所示，从法国的TC指数来看，其创意商品总体结构也是呈现为进口依赖，整体TC指数值呈现负值，出口形势仍不乐观，艺术工艺品、视听教具、设计、新媒体的TC指数值基本上都介于-1和0之间。法国的创意商品RCA指数值整体位于2.5以下，表明法国的创意商品不具有很强的国际竞争力。出版、视觉艺术、视听教具、设计的RCA指数值总体上介于0.8和2.5之间，具有中等的国际竞争力；艺术工艺品、新媒体、表演艺术RCA指数值大多低于0.8，几乎不具有国际竞争力。

表7-5 英国TC指数和RCA指数

年份	TC指数								RCA指数							
	艺术工艺品	视听教具	设计	新媒体	表演艺术	出版	视觉艺术	艺术工艺品	视听教具	设计	新媒体	表演艺术	出版	视觉艺术
2002	-0.53	-0.08	-0.39	-0.31	-0.52	-0.03	0.04	0.33	1.77	0.53	0.86	0.45	1.52	4.02
2003	-0.50	-0.13	-0.40	-0.28	-0.42	0.06	0.19	0.34	1.41	0.52	0.92	0.51	1.54	4.23
2004	-0.55	-0.11	-0.44	-0.29	-0.50	0.08	0.09	0.35	1.51	0.51	0.89	0.47	1.77	3.88
2005	-0.54	-0.06	-0.43	-0.30	-0.51	0.06	0.16	0.32	1.56	0.53	0.82	0.41	1.62	4.17
2006	-0.58	-0.02	-0.40	-0.32	-0.53	0.05	0.02	0.29	1.79	0.59	0.75	0.39	1.6	3.64
2007	-0.57	-0.25	-0.40	-0.46	-0.48	0.00	-0.02	0.32	0.99	0.60	0.68	0.43	1.71	4.11
2008	-0.59	-0.24	-0.39	-0.45	-0.49	0.08	-0.02	0.31	1.04	0.65	0.65	0.43	1.83	3.77
2009	-0.61	0.41	-0.34	-0.68	-0.54	0.14	-0.04	0.36	0.03	0.73	0.33	0.52	2.54	4.20
2010	-0.62	-0.16	-0.38	-0.36	-0.51	0.16	0.00	0.27	1.05	0.61	0.73	0.38	1.97	4.38
2011	-0.60	-0.19	-0.34	-0.32	-0.50	0.15	-0.19	0.28	0.97	0.62	0.80	0.39	2.16	4.21
2012	-0.62	-0.22	-0.26	-0.25	-0.52	0.17	-0.03	0.24	0.81	0.60	0.64	0.36	2.21	4.42
2013	-0.60	-0.23	-0.31	-0.28	-0.48	0.19	0.08	0.27	1.04	0.57	0.74	0.46	2.32	4.31
2014	-0.65	-0.19	-0.30	-0.32	-0.39	0.20	0.12	0.25	1.05	0.57	0.81	0.59	2.43	4.67
2015	-0.65	-0.13	-0.24	-0.34	-0.44	0.18	0.18	0.22	0.88	0.63	0.56	0.50	2.07	3.45

第七章 文化贸易国际比较研究

表7-6 法国TC指数和RCA指数

年份	TC指数								RCA指数							
	艺术工艺品	视听教具	设计	新媒体	表演艺术	出版	视觉艺术	艺术工艺品	视听教具	设计	新媒体	表演艺术	出版	视觉艺术
2002	-0.11	-0.23	-0.12	-0.66	-0.12	-0.01	0.18	0.83	1.24	0.98	0.29	0.79	1.31	1.17
2003	-0.14	-0.22	-0.14	-0.57	-0.13	-0.02	0.19	0.77	1.22	0.95	0.34	0.73	1.33	1.25
2004	-0.14	-0.19	-0.15	-0.61	-0.14	-0.03	0.11	0.8	1.13	0.96	0.32	0.71	1.36	1.19
2005	-0.12	-0.22	-0.14	-0.50	-0.15	-0.03	0.15	0.77	1.02	0.98	0.35	0.77	1.40	1.13
2006	-0.12	-0.21	-0.12	-0.49	-0.19	-0.03	0.21	0.70	1.02	1.01	0.34	0.83	1.29	1.25
2007	-0.14	-0.29	-0.14	-0.37	-0.20	-0.04	0.17	0.76	0.83	1.06	0.51	0.81	1.36	1.17
2008	-0.15	-0.32	-0.13	-0.47	-0.24	-0.06	0.22	0.67	0.75	1.08	0.43	0.78	1.34	1.45
2009	-0.19	-0.29	-0.14	-0.33	-0.23	-0.06	0.22	0.63	0.74	1.05	0.53	0.80	1.44	1.48
2010	-0.22	-0.24	-0.14	-0.31	-0.20	-0.03	0.11	0.55	0.80	1.07	0.54	1.03	1.49	1.13
2011	-0.23	-0.28	-0.10	-0.39	-0.18	-0.06	0.27	0.48	0.73	1.06	0.46	0.99	1.40	1.48
2012	-0.24	-0.28	-0.07	-0.40	-0.15	-0.05	0.36	0.45	0.74	1.05	0.49	0.98	1.45	1.37
2013	-0.23	-0.32	-0.05	-0.37	-0.13	-0.05	0.43	0.40	0.79	1.04	0.53	0.94	1.34	1.47
2014	-0.25	-0.24	-0.05	-0.34	-0.15	-0.05	0.05	0.43	0.92	1.06	0.61	1.01	1.37	1.11
2015	-0.28	-0.25	-0.04	-0.35	-0.15	-0.10	-0.11	0.23	0.43	0.75	0.31	0.63	0.69	4.01

79

4. 德国的国际竞争力

从表 7-7 所示德国的 TC 指数来看，其创意商品的国际竞争力要强于法国和英国，其视听教具、出版、视觉艺术 TC 指数值大多数介于 0 和 0.5 之间，实现了出口大于进口；新媒体经过了依赖于进口—贸易平衡—依赖进口的过程；艺术工艺品、设计 TC 指数值多为明显的负值，不具有国际竞争力。从 RCA 指数来看，德国的创意商品具有和英国、法国一样的比较优势。德国的视听教具 RCA 指数值从 1.99 增长至 2.84，具有很强的国际竞争力；表演艺术、出版 RCA 指数值介于 1.14 和 2.46 之间，具有较强的国际竞争力，新媒体 RCA 指数值居于 0.85 和 1.28 之间，具有中等的国际竞争力；艺术工艺品、设计、视觉艺术 RCA 指数值多居于 0.8 以下，不具有国际竞争力。

（三）欧洲创意服务贸易国际竞争力比较

创意商品和创意服务是创意经济不可缺少的两个组成成分，通过对创意商品的比较，我们可知欧洲创意商品进出口具有较高的国际市场占有率，以及较强的贸易竞争力，其中视听教具、视觉艺术、出版等方面具有显著的比较优势。根据表 7-8 来看欧洲文化服务的国际竞争力，从国际市场占有率来看，英国是欧洲国际市场占有率比较高的，IMS 指数介于 2.85% 和 5.14% 之间，仅次于美国。从 TC 指数来看，欧洲主要国家法国、德国 TC 指数值介于 -1 和 0.1 之间，其创意服务市场均不具有较强的贸易竞争力。英国的 TC 指数值介于 0 和 1 之间，保持良好的贸易顺差，但是德国的创意服务产业一直处于贸易逆差状态，其文化服务主要依赖进口，而法国的创意服务产业从贸易逆差向贸易顺差过渡，呈现良好的发展态势。从 RCA 指数来看，欧洲主要国家创意服务产业也落后于美国。

表 7-7 德国 TC 指数和 RCA 指数

年份	TC 指数								RCA 指数							
	艺术工艺品	视听教具	设计	新媒体	表演艺术	出版	视觉艺术	艺术工艺品	视听教具	设计	新媒体	表演艺术	出版	视觉艺术
2002	-0.22	0.14	-0.09	-0.18	0.05	0.25	0.05	0.58	1.99	0.79	1.00	1.28	1.83	0.81
2003	-0.22	0.19	-0.09	-0.09	0.13	0.25	0.02	0.55	2.19	0.79	1.22	1.25	1.76	0.66
2004	-0.22	0.24	-0.07	-0.03	0.23	0.28	0.04	0.54	2.63	0.77	0.95	1.25	1.74	0.76
2005	-0.22	0.18	-0.06	-0.17	0.07	0.32	0.03	0.52	3.02	0.76	0.85	1.21	1.81	0.63
2006	-0.20	0.22	0.01	0.25	0.08	0.33	0.08	0.50	2.69	0.81	1.19	1.21	1.73	0.57
2007	-0.19	0.27	0.04	0.00	0.11	0.32	0.09	0.47	1.94	0.82	1.10	1.20	1.63	0.54
2008	-0.16	0.31	0.04	0.11	0.11	0.32	0.09	0.45	1.92	0.81	1.28	1.15	1.56	0.56
2009	-0.21	0.30	-0.02	0.01	-0.01	0.29	0.06	0.46	2.05	0.78	1.20	1.14	1.64	0.61
2010	-0.22	0.30	-0.03	0.07	-0.04	0.33	0.12	0.47	2.17	0.78	1.07	1.39	1.78	0.72
2011	-0.21	0.33	-0.05	0.05	0.02	0.31	0.15	0.53	2.30	0.78	1.02	1.72	1.86	0.85
2012	-0.19	0.28	-0.05	-0.06	0.00	0.30	0.10	0.55	2.58	0.75	1.22	1.91	2.13	0.78
2013	-0.21	0.22	-0.03	-0.17	0.07	0.34	0.03	0.53	2.74	0.79	1.05	2.14	2.27	0.69
2014	-0.21	0.25	-0.06	-0.19	-0.01	0.31	-0.02	0.57	2.99	0.78	1.12	2.20	2.46	0.68
2015	-0.19	0.25	-0.07	-0.18	-0.01	0.27	-0.01	0.57	2.84	0.83	1.00	2.31	2.42	0.53

表 7-8 欧洲各国创意服务国际竞争力比较

年份	英国 IMS（%）	法国 IMS（%）	德国 IMS（%）	英国 TC	法国 TC	德国 TC	英国 RCA	法国 RCA	德国 RCA
2003	2.85	0.82	1.38	0.51	-0.16	-0.33	0.34	0.16	0.21
2004	4.44	—	1.39	0.25	—	-0.28	0.52	—	0.22
2005	4.21	—	1.35	0.27	—	-0.28	0.52	—	0.21
2006	5.14	—	1.24	0.41	—	-0.38	0.63	—	0.19
2007	4.73	1.56	1.24	0.43	0.01	-0.25	0.57	0.37	0.19
2008	4.09	1.69	1.38	0.30	0.03	-0.18	0.56	0.40	0.21
2009	3.78	2.38	2.74	0.40	0.05	-0.07	0.52	0.44	0.41
2010	3.53	2.62	1.88	0.40	0.09	-0.08	0.51	0.52	0.30
2011	3.44	2.63	1.46	0.36	0.08	-0.16	0.51	0.49	0.23
2012	3.10	2.21	1.36	0.42	0.04	-0.17	0.47	0.46	0.22

四 东亚的国际文化贸易（中、日、韩）

（一）东亚文化贸易政策——法制化

不论是开放自由还是自我保护式的文化贸易政策，最终目的都是扩大本国的文化商品和服务出口贸易。美国、英国、法国、德国的文化贸易都取得了显著成就，并充分发挥了在文化贸易领域的比较优势。以中国、日本和韩国为主的东亚地区，其文化贸易发展的法制化主要体现在知识产权保护、著作权保护等方面，日本早在 1899 年便制定了统一的保护作者权益的著作权法。此后，为适应形势发展需要，日本对该法律多次修改，并出台了相应的专利法和知识产权保护法来保护本国的文化产业和维护文化创作人的权益，为日本的文化贸易发展保驾护航。亚洲金融危机之后，韩国逐渐确立了文化立国的政策方针，成立了韩国文化产业振兴院，对韩国文化产业的快速成长起到了积极作用。在政策立法方面，韩国也逐步出台了文化产业基本法、内容产生振兴法、"文化蓝图 2012"等一系列法律法规去维护其文化及相关产业的知识产权，为韩国文化产业培育和发展奠定了坚实的基础。由此可见，日本和韩国的文化贸易发展已经形成了一套"文化立国"的法制化机制。在逐渐完善的法律制度保护下，日本和韩国的动漫、游戏、漫画等产业已处于世界领先水平。

（二）东亚创意商品贸易国际竞争力比较

1. 国际市场占有率

根据表7-9，2002~2015年中国的创意商品国际市场占有率最高，介于15.35%和33.16%之间，日本、韩国的国际市场占有率仅是中国的十分之一。中国的国际市场占有率，从2002年起有逐年上升的趋势，从15.35%逐渐增长至33.06%。从日本和韩国的国际市场占有率来看，2002~2015年呈下降趋势。综上来看，日本、韩国、中国的创意商品国际市场占有率很好地表达了东亚地区创意商品的发展态势，中国的创意商品的迅猛发展带动了东亚地区的文化贸易往来，韩国和日本创意商品的国际市场占有率较低，但是一直平稳输出。

表7-9 日本、韩国、中国创意商品国际市场占有率

单位：%

年份	日本	韩国	中国
2002	2.08	1.60	15.35
2003	1.65	1.71	16.45
2004	1.65	1.45	17.12
2005	2.01	1.29	18.81
2006	1.64	1.21	19.50
2007	2.85	1.22	19.38
2008	2.64	1.25	20.56
2009	2.22	1.26	21.13
2010	2.12	1.33	24.25
2011	1.98	1.24	26.25
2012	1.46	1.11	28.98

续表

年份	日本	韩国	中国
2013	1.24	1.14	31.33
2014	1.17	1.04	33.16
2015	1.30	0.96	33.06

2. 日本的国际竞争力

表7-10显示了2002~2015年东亚地区主要国家日本的创意商品TC指数和RCA指数。首先分析日本的各类创意商品TC指数，其艺术工艺品、设计、新媒体、视觉艺术TC指数值基本上介于-1和0之间，呈现明显的负值，说明日本主要进口这些产品；表演艺术的TC指数值介于0.11和0.34之间，出口略大于进口；视听教具的TC值呈现从2002年的-0.38升至2015年的0.55的变化，从开始的贸易逆差转为贸易顺差。从RCA指数来看，日本的视听教具、表演艺术显示出很强的国际竞争力，且RCA指数值总体上逐年增大，国际竞争力逐年增强；视觉艺术的RCA指数值介于0.78至1.68之间，也具有较强的国际竞争力；艺术工艺品、设计、出版RCA指数值多数在0.8以下，不具有国际竞争力。

3. 韩国的国际竞争力

根据表7-11，韩国各类创意商品TC指数要优于日本，说明韩国的文化贸易基本保持顺差，其中艺术工艺品TC指数值介于0.7和1之间，且接近于1，具有很强的国际竞争力；新媒体、出版的TC指数值基本介于0和0.72之间，具有较强的竞争力；只有视听教具、设计、视觉艺术的TC指数值介于-1和0.26之间，基本上呈现贸易逆差的状态。从韩国创意商品的RCA指数来看，韩国的艺术工艺品、表演艺术RCA指数值基本上高于2.5，具有很大的显示性比较优势与强劲的国际竞争力；韩国的表演艺术RCA指数值在2002年至2006年平均在2.5以上，具有很强的国际竞争力，但从2007年开始RCA指数值开始下降，

表 7-10　日本 TC 指数和 RCA 指数

年份	TC 指数							RCA 指数						
	艺术工艺品	视听教具	设计	新媒体	表演艺术	出版	视觉艺术	艺术工艺品	视听教具	设计	新媒体	表演艺术	出版	视觉艺术
2002	-0.49	-0.38	-0.70	0.58	0.33	-0.39	-0.14	0.75	0.83	0.62	4.66	8.75	0.62	1.09
2003	-0.45	-0.39	-0.71	-0.03	0.34	-0.35	-0.07	0.95	0.97	0.75	1.44	10.13	0.79	1.50
2004	-0.42	-0.37	-0.71	0.12	0.32	-0.28	-0.09	0.97	1.01	0.71	1.65	9.48	0.82	1.68
2005	-0.43	-0.26	-0.58	-0.38	0.26	-0.20	-0.08	0.78	0.96	0.92	1.04	7.11	0.69	1.33
2006	-0.44	-0.32	-0.66	-0.55	0.18	-0.15	-0.11	0.88	0.98	0.84	1.18	7.93	0.80	1.42
2007	-0.44	0.49	-0.61	-0.04	0.20	-0.05	-0.06	0.47	3.23	0.50	2.45	4.24	0.5	0.78
2008	-0.42	0.51	-0.55	-0.21	0.29	0.05	-0.12	0.51	3.41	0.61	1.40	5.06	0.62	0.86
2009	-0.42	0.42	-0.65	-0.30	0.20	0.07	-0.16	0.68	3.15	0.56	1.49	5.45	0.83	0.92
2010	-0.42	0.43	-0.61	-0.48	0.25	0.05	-0.07	0.66	3.40	0.6	1.10	5.86	0.85	1.02
2011	-0.41	0.39	-0.57	-0.48	0.23	-0.03	-0.05	0.76	3.32	0.72	0.96	5.96	0.73	0.88
2012	-0.50	0.49	-0.77	-0.45	0.11	-0.12	-0.09	0.87	4.78	0.42	2.30	7.00	0.83	0.98
2013	-0.55	0.49	-0.81	-0.36	0.08	-0.16	-0.01	0.78	5.59	0.36	2.82	7.59	0.78	1.38
2014	-0.57	0.51	-0.74	-0.37	0.06	-0.19	-0.09	0.72	5.86	0.48	2.45	7.84	0.74	1.24
2015	-0.56	0.55	-0.69	-0.41	0.13	-0.16	-0.06	0.63	5.72	0.58	1.52	8.39	0.71	0.98

表 7-11 韩国 TC 指数和 RCA 指数

年份	TC 指数							RCA 指数						
	艺术工艺品	视听教具	设计	新媒体	表演艺术	出版	视觉艺术	艺术工艺品	视听教具	设计	新媒体	表演艺术	出版	视觉艺术
2002	0.78	-0.65	0.19	0.34	0.43	0.06	-0.24	3.35	0.38	0.87	0.44	3.56	0.47	0.39
2003	0.81	-0.73	0.26	0.68	0.39	0.09	-0.49	3.19	0.21	0.91	0.64	2.76	0.51	0.25
2004	0.82	-0.56	0.14	0.72	0.39	0.30	-0.30	3.61	0.38	0.75	0.68	2.96	0.72	0.47
2005	0.78	-0.53	-0.03	0.65	0.24	0.31	-0.14	3.60	0.46	0.67	0.63	2.83	0.91	0.88
2006	0.77	-0.67	-0.16	0.34	0.06	0.29	0.04	3.60	0.34	0.61	0.47	2.51	0.99	1.50
2007	0.79	-0.63	-0.32	0.00	-0.12	0.19	-0.54	3.84	0.68	0.47	2.22	1.86	0.9	0.78
2008	0.77	-0.64	-0.36	-0.08	-0.20	0.29	-0.01	3.52	0.57	0.40	1.72	1.44	0.99	2.37
2009	0.79	-0.58	-0.31	0.12	-0.29	0.25	0.05	3.89	0.57	0.42	2.25	1.16	0.98	1.35
2010	0.81	-0.57	-0.37	-0.01	-0.27	0.40	-0.21	3.59	0.56	0.40	2.76	1.22	1.30	0.73
2011	0.81	-0.49	-0.39	0.02	-0.37	0.38	-0.31	3.88	0.57	0.40	3.27	1.18	1.25	0.61
2012	0.82	-0.46	-0.32	0.08	-0.33	0.40	-0.08	4.33	0.70	0.52	1.87	1.46	1.43	0.69
2013	0.82	-0.48	-0.30	0.18	-0.39	0.43	0.02	4.08	0.88	0.55	1.63	1.20	1.44	0.78
2014	0.79	-0.51	-0.38	0.31	-0.38	0.41	0.08	4.28	1.12	0.50	1.92	1.29	1.51	0.90
2015	0.80	-0.57	-0.22	0.07	-0.06	0.31	-0.14	4.26	0.90	0.52	1.75	2.51	1.62	0.62

国际竞争力有所降低。直到 2015 年，重回到 2.51，继续保持很强的国际竞争力。韩国的出版、新媒体的 RCA 指数值在 2002 年至 2006 年介于 0 和 1 之间，随后递增至 1.25 以上，说明其国际竞争力有所增强；视听教具、设计、视觉艺术的 RCA 指数值基本上居于 0.8 以下，不具有国际竞争力。

4. 中国的国际竞争力

根据表 7-12，中国各类创意商品贸易的状态要优于日本、韩国，中国是东亚地区创意商品竞争力最强的国家。从 TC 指数来看，艺术工艺品、新媒体、表演艺术、出版、视觉艺术、设计 TC 指数都为正值且大部分接近于 1，实现了明显的贸易顺差，只有视听教具的 TC 指数值介于 -1 和 0 之间，呈现贸易逆差。从 RCA 指数来看，中国的艺术工艺品、表演艺术 RCA 指数值基本上在 2.5 以上，具有很强的国际竞争力；新媒体、出版也具有较强的国际竞争力；设计、视听教具、视觉艺术 RCA 指数值大多居于 0.8 以下，不具有国际竞争力。总的来说，东亚地区的创意商品贸易具有较强的国际竞争力，中国为东亚地区创意商品贸易最强的国家，国际市场占有率也是遥遥领先。

（三）东亚创意服务贸易国际竞争力比较

根据表 7-13 来看东亚地区的创意服务，日本、韩国、中国创意服务国际市场份额均较小，韩国是东亚地区创意服务市场份额最大的国家；从 TC 指数来看，日本、韩国、中国创意服务 TC 指数值介于 -1 和 0 之间，还处于严重的贸易逆差状态，依赖进口；从 RCA 指数来看，东亚地区主要国家的创意服务的显示性竞争优势也远远不如创意商品，RCA 指数值基本在 0.8 以下，几乎没有国际竞争力。综上，东亚地区主要国家中国、日本、韩国创意商品贸易具有显著优势，但创意服务贸易仍然处于弱势，不如北美地区和欧洲地区。

表7-12 中国TC指数和RCA指数

年份	TC指数									RCA指数						
	艺术工艺品	视听教具	设计	新媒体	表演艺术	出版	视觉艺术	艺术工艺品	视听教具	设计	新媒体	表演艺术	出版	视觉艺术
2002	0.75	-0.47	0.92	0.85	0.87	0.28	0.97	3.35	0.38	0.87	0.44	3.56	0.47	0.39
2003	0.78	-0.53	0.92	0.81	0.90	0.26	0.98	3.19	0.21	0.91	0.64	2.76	0.51	0.25
2004	0.77	-0.69	0.93	0.86	0.90	0.43	0.97	3.61	0.38	0.75	0.68	2.96	0.72	0.47
2005	0.80	-0.77	0.94	0.97	0.89	0.42	0.97	3.60	0.46	0.67	0.63	2.83	0.91	0.88
2006	0.81	-0.79	0.94	0.92	0.90	0.54	0.96	3.60	0.34	0.61	0.47	2.51	0.99	1.50
2007	0.83	-0.40	0.93	0.54	0.89	0.61	0.97	3.84	0.68	0.47	2.22	1.86	0.90	0.78
2008	0.85	-0.39	0.92	0.66	0.88	0.64	0.96	3.52	0.57	0.40	1.72	1.44	0.99	2.37
2009	0.83	-0.40	0.92	0.62	0.85	0.46	0.96	3.89	0.57	0.42	2.25	1.16	0.98	1.35
2010	0.82	-0.48	0.92	0.57	0.84	0.42	0.96	3.59	0.56	0.40	2.76	1.22	1.30	0.73
2011	0.84	-0.47	0.91	0.51	0.82	0.45	0.96	3.88	0.57	0.40	3.27	1.18	1.25	0.61
2012	0.85	-0.61	0.92	0.60	0.81	0.46	0.97	4.33	0.70	0.52	1.87	1.46	1.43	0.69
2013	0.86	-0.53	0.92	0.63	0.79	0.51	0.86	4.08	0.88	0.55	1.63	1.20	1.44	0.78
2014	0.89	-0.60	0.93	0.58	0.76	0.55	0.87	4.28	1.12	0.50	1.92	1.29	1.51	0.90
2015	0.90	-0.46	0.91	0.61	0.73	0.56	0.89	4.26	0.90	0.52	1.75	2.51	1.62	0.62

表 7-13 东亚创意服务国际竞争力比较

年份	日本 IMS (%)	韩国 IMS (%)	中国 IMS (%)	日本 TC	韩国 TC	中国 TC	日本 RCA	韩国 RCA	中国 RCA
2003	1.27	—	0.54	-0.70	—	-0.64	0.06	0.23	0.22
2004	1.26	—	0.56	-0.73	—	-0.64	0.06	0.29	0.23
2005	1.25	—	0.60	-0.73	—	-0.64	0.06	0.60	0.21
2006	1.27	4.55	0.70	-0.69	-0.39	-0.63	0.07	0.79	0.24
2007	1.32	4.67	0.85	-0.64	-0.45	-0.62	0.09	0.80	0.27
2008	1.33	3.80	1.00	-0.61	-0.37	-0.61	0.09	0.78	0.29
2009	1.30	1.88	0.11	-0.65	-0.39	-0.62	0.08	0.91	0.29
2010	1.30	1.93	0.10	-0.66	-0.50	-0.65	0.08	0.86	0.28
2011	1.25	2.41	1.16	-0.70	-0.25	-0.55	0.07	1.10	0.28
2012	1.25	3.17	1.26	-0.70	-0.28	-0.53	0.08	1.27	0.31

五　国际比较

（一）国际市场竞争性的政策比较

从政策方面评判国际市场竞争性，美国实行文化贸易全面开放政策并给予资金支持，对内放松管制，对外积极扩张；欧洲的英国、法国、德国特别强调文化贸易中"文化"这一属性，将保护自有文化产业发展作为国内文化贸易政策的核心。而以日本、韩国为主的东亚地区，其文化贸易发展的法制化主要体现在知识产权保护、著作权保护等方面；中国也成为后起之秀，已经形成了一套特有的法制化机制。基于各国不同风格政策的实施，从创意商品国际市场占有率来看，如表 7-14 和表 7-15 所示，美国的自由化贸易政策颇具成效，创意商品贸易基本保持在 8% 左右的国际市场占有率，创意服务贸易保持 20% 左右的国际市场占有率。这体现了美国的文化贸易以服务贸易为主，以提供专业技术、管理模式、知识版权的方式实现文化贸易的高附加值。中国具有世界最大体量的文化商品贸易，却在创意服务贸易中排名最后，体现出我国文化贸易还是停留在以产品为主的加工贸易上，回报率较低。日本和韩国的文化商品贸易的国际市场占有率也较低，从各国创意商品国际市场占有率来看，日本要高于韩国，但是从创意服务的国际市场占有率来看，韩国要高于日本。欧洲三国的创意商品国际市场占有率远远高于日本和韩国，但总体上韩国在创意服务上要高于法国和德国。因此，从创意商品贸易来看，中国具有明显优势。从创意服务的国际市场占有率来看，美国具有明显优势。同时，英国和韩国也表现强劲。

作为世界上的超级大国，美国凭借自身强大的政治经济实力，实行文化贸易全面开放政策，但是其他国家则慢慢形成了抵御美国单边文化的同盟。尤其是法国作为"文化例外"主张的积极倡导者，早在20世纪

表7-14 各国创意商品国际市场占有率

单位：%

国家	2002年	2003年	2004年	2005年	2006年	2007年	2008年
美国	8.27	7.71	7.65	7.93	8.44	8.81	8.55
英国	6.52	6.69	6.25	6.14	5.92	5.82	4.87
法国	4.15	4.37	4.30	4.21	4.26	4.08	4.08
德国	6.89	7.12	7.28	7.44	7.76	8.15	8.33
日本	2.08	1.65	1.65	2.01	1.64	2.85	2.64
韩国	1.60	1.71	1.45	1.29	1.21	1.22	1.25
中国	15.35	16.45	17.12	18.81	19.50	19.38	20.56
国家	2009年	2010年	2011年	2012年	2013年	2014年	2015年
美国	8.60	8.08	7.37	7.27	7.33	7.19	7.95
英国	3.77	4.70	4.28	4.42	4.09	4.19	5.09
法国	4.10	3.84	4.02	3.81	3.96	3.71	6.76
德国	8.17	7.14	6.69	5.49	5.29	5.05	5.08
日本	2.22	2.12	1.98	1.46	1.24	1.17	1.30
韩国	1.26	1.33	1.24	1.11	1.14	1.04	0.96
中国	21.13	24.25	26.25	28.98	31.33	33.16	33.06

表 7-15　各国创意服务国际市场占有率

单位：%

国家	2003年	2004年	2005年	2006年	2007年	2008年	2009年	2010年	2011年	2012年
美国	28.05	25.45	23.49	23.20	21.76	19.38	18.46	18.23	19.14	23.34
英国	2.85	4.44	4.21	5.14	4.73	4.09	3.78	3.53	3.44	3.10
法国	0.82	—	—	—	1.56	1.69	2.38	2.62	2.63	2.21
德国	1.38	1.39	1.35	1.24	1.24	1.38	2.74	1.88	1.46	1.36
日本	1.27	1.26	1.25	1.27	1.32	1.33	1.30	1.30	1.25	1.25
韩国	—	—	—	4.55	4.67	3.80	1.88	1.93	2.41	3.17
中国	0.54	0.56	0.60	0.70	0.85	1.00	0.11	0.10	1.16	1.26

90年代初"乌拉圭回合"的最后一轮谈判中，拒绝开放视听服务（如电影、广播、电视）及其他相关文化服务市场，经过激烈的争论之后，美国表示不再坚持把关贸总协定的所有规定适用于电影及视听产品和服务。

Francois 和 Van Ypersele（2002）通过构建法国电影、美国电影模型，选取电影这一创意商品，根据各国不同的文化贸易政策来衡量其创意商品的发展状况，他们发现电影作为创意商品实行自由贸易政策时会面临多种问题。基于此，他们认为以电影为代表的创意商品贸易应该实行保护政策，进而得出自由贸易政策不适用于文化贸易。如今，国内外大量学者纷纷证实并支持这一结论。Rauch 和 Trindade（2009）提出市场规模小的国家采取包括补贴在内的文化保护政策的建议。本书利用联合国贸易和发展会议创意经济数据库的数据，通过计算不同国家的国际市场占有率，发现实行文化贸易全面开放政策的美国虽然有高于英国、法国、德国、日本、韩国的国际市场占有率，但其主要依赖于进口，国际市场竞争力并不强。

1997年亚洲金融危机后，韩国的传统行业受挫，韩国抓住了这次机遇，制定"文化立国"战略，从此开始大力扶持文化产业。以影视剧、电视剧为代表的"韩流"在整个亚洲风靡一时，文化产业的发展为韩国经济走出危机发挥了巨大作用。从1997年开始，韩国电视节目出口额以每年超过30%的速度不断增长。而2008年金融危机后,韩国电影电视产业因资金短缺而受挫,韩国三大电视台为应对金融危机带来的挑战,推行了一系列积极有效的政策,例如,开始设置演员片酬上限,即演员每集片酬不得超过1500万韩元。此外,韩国政府制定出台相关政策,面向韩国影视制作公司提供贷款担保,为韩国影视作品的海外推广与宣传提供了很大的支持。反观中国,创意服务贸易仍然是文化贸易中的短板,中国的文化资源没有得到合理的利用,由于缺少专业的投融资机构,文化服务业总体规模不大,尤其是广播电视、电影、娱乐等产业还处于落后水平。

(二)国际竞争力指数国别排名

国际文化贸易的国别比较主要考虑国际竞争力的比较,因此选取贸易竞争力指数(TC指数)和显示性比较优势指数(RCA指数)两个指标。根据表7-16显示的TC平均指数排名得知,在艺术工艺品方面,中国最具国际竞争力,韩国次之,其他国家主要依赖进口;在视听教具方面,德国最具国际竞争力,其次是日本,然后是美国;在设计方面,韩国自身的竞争力最强,英国是依赖进口最少的国家;在表演艺术方面,美国最具国际竞争力,其次是英国和日本;在出版方面,德国最具国际竞争力,韩国、法国、英国次之;在视觉艺术方面,中国最具国际竞争力,法国、英国、韩国次之。

表7-16 创意商品TC平均指数比较结果

排名	艺术工艺品		视听教具		设计		新媒体	
1	中国	0.83	德国	0.25	韩国	0.92	法国	0.70
2	韩国	0.80	日本	0.18	英国	-0.04	德国	0.24
3	法国	-0.18	美国	0.17	美国	-0.11	中国	-0.04
4	德国	-0.21	英国	-0.11	中国	-0.18	日本	-0.24
5	日本	-0.47	法国	-0.26	日本	-0.36	英国	-0.35

续表

排名	艺术工艺品		视听教具		设计		新媒体	
6	英国	-0.59	中国	-0.54	德国	-0.65	韩国	-0.37
7	美国	-0.65	韩国	-0.58	法国	-0.67	美国	-0.44

	表演艺术		出版		视觉艺术			
1	美国	0.85	德国	0.47	中国	0.95		
2	英国	0.21	韩国	0.30	法国	0.18		
3	日本	0.06	法国	0.29	英国	0.06		
4	韩国	-0.06	英国	0.11	韩国	0.04		
5	中国	-0.17	日本	-0.04	日本	-0.09		
6	法国	-0.42	美国	-0.12	美国	-0.16		
7	德国	-0.49	中国	-0.14	德国	-0.16		

北美地区，美国创意商品虽然具有较高的国际市场占有率，但其TC指数显示，创意商品贸易形成了较大的贸易逆差，且不具有国际竞争力。欧洲国际文化贸易的发展一直遥遥领先，英国虽然是广告业的翘楚，但是其设计服务主要依赖于进口。德国出版业TC指数值为正，符合其是出版业和会展业的领军者的地位。法国因其将戏剧和博物馆作为文化产业发展的重点，明显看到视觉艺术在TC指数上优于英国和德国，具有较强的国际竞争力。根据表7-16，欧洲主要国家的创意商品中，德国的出口结构优于英国、法国，其视听教具、新媒体、出版都实现了出口。东亚地区的创意商品贸易具有较强的国际竞争力，中国在视觉艺术上TC指数排名世界第一，韩国创意商品TC指数总体上要优于日本，尤其在设计上排名第一，说明其创意商品的国际竞争力总体上强于日本。

根据表7-17显示的RCA平均指数排名得知，在艺术工艺品方面，英国、美国具有较强的国际竞争力，中国并不具有国际竞争力；在视听教具方面，日本、韩国具有较强的国际竞争力，中国、法国具有较强的国际竞争力，其他国家不具有国际竞争力；在设计方面，中国具有较强的国际竞争力；在新媒体方面，韩国、美国、德国、中国、英国具有较强的国际竞争力；在表演艺术方面，英国具有很强的国际竞争力，法国、日本、中国、韩国、德国具有较强的国际竞争力，美国在此项不具有国际竞争优势；在出版方面，法国、中国、英国、日本、德国、美国具有较强的国际竞争力，韩国不具有国际竞争力；在视觉艺术方面，中国具有很强的国际竞争力，其次是法国、英国、德国、美国、韩国，日本不具有国际竞争力。欧洲地区的创意商品在贸易结构上显然要优于美国，但欧洲地区的新媒体呈现疲弱的国际竞争力，其创意商品科技竞争力有待加强。

表 7-17 创意商品 RCA 平均指数比较结果

排名	艺术工艺品		视听教具		设计		新媒体	
1	英国	3.79	日本	3.09	中国	1.01	韩国	1.89
2	美国	3.79	韩国	2.43	法国	0.79	美国	1.59
3	日本	0.74	中国	1.40	日本	0.63	德国	1.59
4	中国	0.62	法国	1.14	英国	0.62	中国	1.51
5	法国	0.61	英国	0.88	韩国	0.59	英国	1.09
6	德国	0.52	美国	0.59	美国	0.57	法国	0.73
7	韩国	0.30	德国	0.59	德国	0.57	日本	0.43

排名	表演艺术		出版		视觉艺术	
1	英国	7.20	法国	1.95	中国	4.10
2	法国	2.00	中国	1.90	法国	2.92
3	日本	2.00	英国	1.45	英国	1.48
4	中国	1.53	日本	1.33	德国	1.15
5	韩国	1.45	德国	1.07	美国	0.88
6	德国	0.84	美国	1.07	韩国	0.88
7	美国	0.45	韩国	0.74	日本	0.67

根据表 7-18 各国创意服务国际竞争力评估结果，总体来看创意服务贸易落后于创意商品贸易。从 TC 指数来看，美国的创意服务最具有国际竞争力，位列第一，英国次之，法国处于贸易平衡状态，德国、韩国、中国、日本的创意服务都处于贸易逆差状态。从 RCA 指数来看，

美国的创意服务具有较强的国际竞争力，韩国虽然是创意服务国际竞争力排名第二的国家，但其仍然不具有显著竞争优势。根据国际市场占有率、贸易竞争力指数、显示性比较优势指数不同指标的比较，我们发现美国、英国、法国的创意服务贸易保持顺差，其他国家的创意服务贸易依然处于贸易逆差的状态，相比之下，中国和日本的创意服务成为最大的短板。

表7-18 各国创意服务国际竞争力评估结果

排名	TC指数		RCA指数	
1	美国	0.52	美国	1.13
2	英国	0.37	韩国	0.76
3	法国	0.02	英国	0.52
4	德国	-0.21	法国	0.41
5	韩国	-0.38	中国	0.26
6	中国	-0.59	德国	0.24
7	日本	-0.68	日本	0.07

第八章
研究结论与相关建议

一 研究结论

（一）中国文化贸易发展相关结论

在改革开放和全球文化经济一体化背景下，我国的对外贸易一直在不断发展，我国文化及相关产业也得到了充分的发展，经济发展水平和人民生活水平逐步提高，文化娱乐消费占比也逐年扩大，这为我国文化贸易的发展提供了充分保障，也使我国经济与世界经济紧密地融合为一体。但是，我国文化贸易在我国整体对外贸易中所占份额还是相对比较小，出口国家较为集中，仍需进一步调整我国对外文化贸易的发展策略，弥补不足，发挥优势，提高我国文化产品的国际竞争力，改变我国文化服务贸易逆差的现状。同时，从长期看，文化商品出口的增长会拉动我国经济的增长，但是文化服务出口、文化商品和服务的进口对于经济增长的拉动并不明显。此外，我国经济的增长会带动文化服务的进出口，也就是说，我国文化贸易存在以文化商品出口带动经济发展，经济发展再推动文化服务的进出口的发展路径。因此，扩大文化产品出口，通过加大政策优惠和投资力度鼓励文化企业技术创新，是我国文化贸易发展的当务之急。

本书的主要研究结论归纳如下：（1）随着我国经济发展水平和人民

生活水平的逐步提高，文化及相关产业也得到了充分的发展，文化产品贸易顺差逐步扩大；(2) 文化贸易在我国整体对外贸易中所占份额还相对比较小，出口国家较为集中，文化服务出口贸易不足，并且存在较大逆差；(3) 从长期看，文化商品出口的增长会拉动我国经济的增长，但是文化服务出口、文化商品和服务的进口对于经济增长的影响并不明显；(4) 从长期看，我国经济的增长会带动文化服务进出口贸易的增长。

改革开放后，西部民族地区经济发展水平和人民生活水平逐步提高，但是民族文化产业尚不发达，远远落后于东部沿海地区。我国文化产业的发展由东向西呈现明显的阶梯状分布，我国东部沿海地区的文化产业化水平明显高于西部民族地区。东部沿海地区的文化产业从业人员数量、资产总额、主营收入、文化产业增加值均高于西部民族地区。因此，在我国产业结构升级转型和居民收入不断提高的进程中，西部地区应该抓住我国丰富的文化资源要素禀赋，深度挖掘我国宝贵的民族文化资源，打造文化产业聚集区和异质性文化产品，加强对文化产业的扶持，从而不断增强我国文化产业的竞争力，为我国的经济发展和转型提供有力保障。

中国文化产品和服务的主要出口市场有美国、中国香港、欧洲等地区，但国内市场需求及大众偏好与国外市场不尽相同，国外的市场需求同我国的出口市场供给无法完全适应，同时，中国文化产品创新性低、同质度高，导致出口产品容易与同类产品形成激烈竞争，从而影响中国文化产品对外出口。因此，中国应在保护国内文化市场的同时不断拓宽海外出口渠道。在开发新市场的过程中做好充分调研，针对不同类型的文化产品确定目标市场，以此实现出口市场均衡分布和贸易模式多样化发展。

(二) 文化贸易国别比较相关结论

基于对国际市场占有率、贸易竞争力指数、显示性比较优势指数等国际竞争力评估指标的计算结果,我们得出了各国家文化商品和文化服务发展状况的相关结论。

(1) 美国的文化商品贸易多项存在贸易逆差,只有艺术工艺品 RCA 指数值大于 2.5,具有很强的国际竞争力。但是,美国文化服务国际市场占有率在 20% 左右,是市场占有率最高的国家。从美国文化服务 TC 指数和 RCA 指数来看,美国文化服务不仅实现贸易顺差,还具有较强的国际竞争力。

(2) 欧洲主要国家英国、法国、德国的文化商品出口总额稳定增长并保持较高的国际市场占有率。英国的文化商品出口具有较强的贸易竞争力,同时在文化服务贸易竞争力上仅次于美国。

(3) 中国是东亚地区最大的文化商品贸易市场,其国际市场占有率远高于日本和韩国。但是,韩国是东亚地区文化服务贸易国际竞争力最强的国家。

总的来说,实行文化贸易全面开放政策的美国虽然有较高的国际市场占有率,但其文化产品进口较多,并不具有较强的国际市场竞争力。欧洲地区的文化商品在贸易结构上显然要优于美国,但欧洲地区的新媒体呈现疲弱的国际市场竞争力,欧洲地区创意商品科技竞争力有待加强。东亚地区的创意商品贸易具有较强的国际市场竞争力,中国是东亚地区创意商品竞争力最强的国家。美国、英国和法国的创意服务已经实现了贸易顺差,其他国家的创意服务依然处于贸易逆差的状态。韩国虽然在文化服务贸易中存在逆差,但是其国际竞争力仅次于美国。

二 相关建议

结合上述相关研究结论,文化贸易以"润物细无声"的方式不断提升我国文化"软实力"和国际影响力,由此本书提出以下建议,旨在促进我国文化贸易的持续增长与结构优化。

（一）明确文化产业支持重点

习近平总书记在十九大报告中向全党、全国人民发出了"坚定文化自信，推动社会主义文化繁荣兴盛"的伟大号召，文运与国运相牵，文脉同国脉相连，现在国家又在大力实施"一带一路"倡议，通过文化贸易可以有效强化沿线国家经贸合作的民意基础。因此，中国文化企业走出国门，首先要确立文化竞争力是国家核心竞争力的理念，积极落实国家的文化大发展战略，确立文化资产是重要无形资产的理念，使文化和艺术资本进入金融体系。本书认为国家的财税政策支持、文化金融合作、知识产权保护、提升文化产品和服务进出口审批效率都可以对文化领域的发展提供重大帮助。

1. 加大财税政策支持力度

本书认为既要为文化产业的企业减免税收，又要增强消费者的购买能力，可以通过政府购买、消费补贴、税收减免等途径，降低文化企业成本，引导和支持文化企业提供更多的文化产品和服务，鼓励企业生产符合广大百姓购买力的高质量文化产品。通过加大财政对文化科技创新的支持力度，将文化科技创新纳入国家相关科技发展规划，积极鼓励文化与科技深度融合，促进文化企业、文化产业转型升级，发展新型文化业态。另外，应以市场经济的方式发展文化产业，旨在利用市场的活力解放文化生产力，增加文化消费的多样性。同时重视文化贸易在产业结构升级以及国际文化传播中的重要作用，加快发展高质量、差异化且富含中国文化核心价值的产品和服务贸易。

2. 推进文化金融合作

文化企业在不断成长壮大的过程中需要借助现代金融的力量增加企业资本，所以应鼓励金融机构建立专门服务文化产业的专营机构，组建特色文化金融专业服务团队，并在金融政策等方面给予适当倾斜，扩大业务授权，提高文化金融服务专业化水平。国家应不断完善文化普惠金融服务体系，支持有条件的地区建设文化普惠金融服务中心，通过政策引导、项目对接、信息服务、业务培训、信用增进、资金支持等方式，服务于文化企业和金融机构，促进文化与金融对接，扶持龙头文化企业和中小型文化企业，搭建文化普惠金融服务平台。推动文化产业知识产权评估与交易，加强著作权、专利权、商标权等文化类无形资产的评估、登记、托管、流转服务。

3. 着力保护知识产权

知识产权保护是文化贸易发展的保障。文化本身就是一种创意、一种将无形意识化为有形商品和服务的能力，所以做好知识产权保护工作，就能为文化产业的工作者提供良好的生态环境。因此，要严厉打击利用互联网发布虚假违法广告，侵犯著作权、专利权和其他知识产权，以及针对文艺作品的侵权盗版行为，推进全国网络备案核验平台建设，开展针对教材教辅出版物、工具书、影视剧和音乐作品等专项监管行动。

4. 减少对文化出口的行政审批事项

减少行政审批是提高文化企业经济活动办事效率的最有效手段，也是鼓励文化企业发展的一种方式。例如，对国有文化企业从事文化出口业务的人员简化因公出国（境）审批手续，对面向境外市场生产销售外语出版物的民营文化企业，经批准可以配置专项出版权。政府方面应进一步放宽政策，加大鼓励和支持力度，加快发展、扶持文化企业，使其实现规模化，形成竞争体系，并通过市场机制有效筛选出优秀的文化企业，进一步扩大我国文化贸易在国际上的话语权和影响力。

（二）推进文化产业自身发展

1. 扶持动漫、游戏产业发展

我国动漫、游戏产业处于高速发展时期，不再是以前的弱势产业，要想继续蓬勃发展，在人才方面，要继续实施国家动漫品牌建设和保护计划，加大对优秀动漫创意人才的支持力度；在内容方面，扶持内容健康向上、富有创意的优秀原创动漫产品的创作、生产、传播和消费，提高游戏产品的文化内涵，培育国产游戏知名品牌，增强游戏产业核心竞争力和国际影响力；在管理方面，推广手机（移动终端）动漫行业标准，鼓励面向新媒体渠道的动漫游戏创作，加强网络游戏规范管理，积极引导行业和企业自律，办好中国国际动漫游戏博览会，建设最具影响力的专业化、国际化动漫游戏会展交易平台。

2. 扶持电影业的发展

中国电影已经逐步走出国门，"一带一路"电影节、威尼斯电影节等向世界展示了中国电影的魅力。对于电影业的发展还可以在以下方面继续努力：通过政府购买服务、原创剧目补贴、以奖代补等方式，扶持演艺企业创作生产，增强面向市场服务群众的能力；加强舞台美术设计、舞台布景创意和舞台技术装备创新，丰富舞台艺术表现形式，鼓励演艺企业创作开发体现中华优秀文化、面向国际市场的演艺精品；加快演艺基础设施建设改造和文艺演出院线建设，支持开发具有民族文化特色、健康向上的原创娱乐产品和新兴娱乐方式，促进娱乐业与休闲产业结合。

3. 扶持艺术品、工艺品发展

扶持艺术品、工艺品的发展是中华文化传承和创新发展的结合，是发掘民族文化元素、突出地域特色的有效途径，在保护多样性和独特性的基础上，促进工艺美术业全面健康发展势在必行。保护传承传统技艺，推动传统工艺美术产品融入现代生活，支持多种艺术形式、艺术风格、艺术流派创新发展，鼓励创作更多思想性、艺术性、观赏性俱佳的艺术品。推动画廊业健康发展，培育和建设艺术品一级市场。要鼓励原创新媒体艺术发展，鼓励开发艺术衍生品和艺术授权产品，培育艺术品市场新增长点；在保护传承的基础上，支持开发新技术、新工艺、新产品，增加艺术含量和科技含量，提高产品附加值。强化品牌意识，培育一批有较高知名度的工艺美术品牌。

4. 强化文化服务贸易发展

深入学习领会党的十九大精神，自觉以习近平新时代中国特色社会主义思想为引领，围绕推动形成全面开放新格局的新要求，以"一带一路"建设为重点，按照共商共建共享原则，继续鼓励有实力的文化企业走出去，大力加强文化服务贸易发展，通过开展广泛的国际文化交流与合作，拉近我国文化服务产业与世界优秀文化服务产业之间的差距。文化服务贸易在文化贸易领域中一直处于弱势地位，一直处于贸易逆差状态。抓好文化服务贸易领域，要做到以下几点：一是用文化服务贸易创新发展试点试出一些实实在在的经验；二是加快文化服务外包、技术贸易等重点领域转型发展的步伐；三是有力地拓展海外文化服务新市场；四是将"文化保税区"建设作为强化文化服务发展的关键手段；五是拓展文化服务贸易的载体，主要包括开展国际文化艺术品展示、交易、拍卖活动，以及游戏、动漫等文创产业国际版权交易等新兴贸易业务。加快发展文化服务贸易对构建文化贸易新格局、文化贸易提质增效具有重要现实意义。

（三）文化产业与其他产业融合

1. 文化与数字产业融合发展

推动文化产品和服务的生产、传播、消费的数字化、网络化进程，强化信息产业对于文化产业的内容支撑和设计提升，加快培育双向深度融合的新型业态。深入实施国家文化科技创新工程，支持利用数字技术、互联网等高新技术支撑文化内容、装备、材料、工艺的开发和利用，加快文化企业技术改造步伐。全面推进广播电视网和交互式网络电视等服务平台建设，推动智慧社区、智慧家庭建设，加强通信设备制造、网络运营、内容服务单位间的互动合作。大力推动传统文化单位发展互联网新媒体，推动传统媒体和新兴媒体融合发展，增强先进文化互联网传播吸引力。深入挖掘优秀文化资源，推动影视、动漫、游戏等产业优化升级，加强虚拟仿真技术在文化产品设计、制造等产业领域中的应用，打造中国优秀文化品牌。

2. 文化与旅游产业融合发展

文化旅游是当前重要的旅游发展模式，也是文化与旅游产业结合的硕果，全国范围内已形成众多区域性特色文化产业带、特色文化产业示范区、文化小镇和文化乡村。应按照国家建设"丝绸之路经济带"总体部署，依托丝绸之路沿线丰富的文化资源，发展区域性特色文化产业带，加强对地缘相近、文脉相承区域的统筹协调。例如，打造藏羌彝文化产业走廊。建设特色文化产业示范区需充分调动地方政府的积极性，对投入力度大、工作取得明显成效的示范区予以重点扶持，引导各地深入研究评估当地可供产业开发的特色文化资源，推动特色文化产业有序集聚，形成一批集聚效应明显、孵化功能突出的特色文化产业基地、园区和集群。特色文化城镇和乡村将发展特色文化产业纳入新型城镇化建设规划，在保护历史文化名镇和乡村原始风貌、自然生态的同时，鼓励文化资源丰富的村镇因地制宜发展特色文化产业，建设一批文化特点鲜明和主导产业突出的特色文化产业示范城镇，促进当地居民就业增收。

3. 文化与制造业融合发展

文化与制造业融合发展有利于文化产业规模化。文化产品生产应基于新技术、新工艺、新装备、新材料的设计应用研究，促进工业设计向高端综合设计服务转变。同时，推动工业设计服务领域延伸和产品的外观、结构、功能等升级。以打造品牌、提高质量为重点，提升工业品牌文化内涵，推动生活日用品、礼仪休闲用品、家用电器、服装服饰、数字产品、食品、文化体育用品等创意升级，从而引导消费升级。文化与制造业的融合有助于提升消费类产品设计和研发能力，加强传统文化与现代时尚的融合，以创意和设计引领商贸流通业创新，增加消费品的文化内涵和附加值，健全品牌价值体系，形成一批综合实力强的自主品牌，提高产品整体效益和国际竞争力。

4. 文化与金融业融合发展

推进文化与金融业的融合发展，可以通过文化出口相关跨境收付、融资信贷等金融业务将文化贸易与金融领域充分结合，支持文化企业"走出去"。金融机构按照风险可控的原则探索适合对外文化贸易特点的信贷产品和贷款模式，开展供应链融资、海外并购融资、应收账款质押贷款、融资租赁等业务，支持符合条件的国家文化出口重点企业通过发行企业债券等方式融资以及鼓励有跨境投资需求的文化企业在境内发行外币债券。例如，潍坊银行、北京保利国际拍卖有限公司等机构向符合条件的艺术品提供仓储保管、质押贷款等业务，一方面促进了艺术品的资产化，一方面也提高了金融产品的收益。为深入贯彻落实党的十九大精神及北京市关于繁荣发展社会主义文化艺术的相关指示，促进优秀文艺成果的传播交流，不断扩大北京文化品牌的国际影响力，北京文化艺术基金面向"走出去"的优秀年度舞台艺术创作项目、传播交流推广项目、艺术人才培养项目进行资助。其中，2017年度获资助推广项目33项，全方位服务于北京文化艺术企业和个人。

（四）文化产品和服务贸易创新发展

国际文化贸易已经成为当今国际贸易的重要组成部分，各国文化产品与服务需求逐年上升，文化产品贸易额逐年上升，同时国际竞争也更加激烈。我国文化产业还存在产业基础薄弱、市场化程度不高、知名品牌较少、高端创意和管理人才不足等问题。一国文化资源的多少并不是艺术品贸易发展的决定性因素，关键在于资源的利用效率与创新。中国拥有丰厚的传统文化资源，如果不加以充分利用，或会使文化资源逐渐消失，或会使之成为别国艺术品生产借鉴的要素，重新输入中国。

因此，要通过品牌创新、科技创新、服务创新，充分利用我国独特的文化资源，形成独具中国特色的文化产品和服务，从而推动我国文化贸易进一步发展。首先，品牌是一种可以给拥有者带来溢价、增值收益的无形的资产，在文化创意产业中，品牌占有举足轻重的地位。当品牌符号达到一定强度时，就可以通过品牌授权和延伸等策略向周边产品领域扩展，提高产品的消费需求。其次，建设国际文化贸易领域的大数据中心和跨境电子商务企业的云服务中心，以及文化创意产业综合信息化服务平台，对于文化贸易的发展具有重要意义。最后，推动以进出口贸易以及保税服务为核心特征的国家级文化艺术口岸交易平台的创建工作，提升贸易口岸硬件设施和软件服务，为入驻企业提供关务、进出口贸易等相关服务，为国内外交易机构提供公开交易的综合服务。

（五）加强文化贸易质量体系和人才建设

工艺品的出口机制制约了工艺品生产企业对出口市场的开拓和管理，目前艺术品出口打包标准、报关标准不一，很多生产企业生产的文化产品不符合欧盟标准，但文化产品工业化生产的前提是产品标准化，产品生产标准统一才会推动文化贸易的发展，所以加强文化贸易质量体系建设是至关重要的。文化贸易领域人才是文化发展的中坚力量，鼓励高等院校、行业协会、企业创业载体和社会教育服务机构对文化企业经营者和创业者开展有针对性的知识教育和技能培训，推进网络课堂建设，创新人才培养模式，不断扩大文化企业培训工作覆盖范围。打破文化人才职称评定的体制壁垒，逐步建立面向社会文化艺术人才开放的职称评定制度。实施"文化产业创业创意人才扶持计划"，适应创业创意人才成果转化、市场推广的需要，运用市场化办法，体现普惠性原则，通过合适的平台，加大资金投入、提供展示机会、扩大品牌影响，促进创意成果转化和创业团队孵化。

参考文献

[1] 陈凯、史红亮,2014,《区域文化经济论》,经济科学出版社。

[2] 陈少峰、张立波、王建平,2017,《中国文化企业报告2017》,清华大学出版社。

[3] 陈少峰、张立波,2011,《文化产业商业模式》,北京大学出版社。

[4] 陈文敬、米宏伟,2013,《中国文化贸易发展现状、问题及对策》,《国际贸易》第1期。

[5] 〔澳〕戴维·思罗斯比,2015,《经济学与文化》,王志标、张峥嵘译,中国人民大学出版社。

[6] 〔澳〕戴维·索罗斯比,2013,《文化政策经济学》,易昕译,东北财经大学出版社。

[7] 丁智才,2013,《民族文化产业与对外传播——基于西南边疆民族地区对东盟传播实践的思考》,《学术论坛》第8期。

[8] 范玉刚,2018,《以文化贸易竞争力的提升引导文化产业提质增效发展》,《学习与探索》第2期。

[9] 范周,2017,《文化经济研究》第三辑,知识产权出版社。

[10] 范周,2017,《2017中国文化产业年度报告》,知识产权出版社。

[11] 方慧、尚雅楠,2012,《基于动态钻石模型的中国文化贸易竞争力研究》,《世界经济研究》第1期。

[12] 方英、李怀亮、孙丽岩,2012,《中国文化贸易结构和贸易竞争

力分析》,《商业研究》第 1 期。

[13] 方英、孙尧,2010,《战略性贸易理论对我国文化贸易的启示——以演出服务贸易为例》,《经济问题》第 5 期。

[14] 付洪良,2006,《规模经济理论基础性重构与我国贸易条件的改善》,《中国矿业大学学报》(社会科学版) 第 1 期。

[15] 付竹、王志恒,2007,《探析国际贸易保护中的文化壁垒》,《商业时代》第 6 期。

[16] 顾江,2007,《文化产业经济学》,南京大学出版社。

[17] 顾乃华、夏杰长,2007,《我国主要城市文化产业竞争力比较研究》,《商业经济与管理》第 12 期。

[18] 郭界秀,2013,《比较优势理论研究新进展》,《国际贸易问题》第 3 期。

[19] 郭晓婧、黄伟,2017,《文化服务贸易理论综述——基于竞争力因素》,《时代金融》第 14 期。

[20] 郭新茹、顾江、朱文静,2010,《中日韩文化贸易模式的变迁:从互补到竞争》,《经济问题探索》第 5 期。

[21] 霍步刚,2008,《中国文化贸易偏离需求相似理论的实证检验》,《财经问题研究》第 7 期。

[22] 季羡林,2000,《论东西文化的互补关系》,《光明日报》7 月 28 日。

[23] 江畅、孙伟平、戴茂堂,2017,《中国文化发展报告 (2017)》,社会科学文献出版社。

[24] 蒋庚华,2011,《中国服务贸易结构问题研究》,博士学位论文,东北师范大学。

[25] 李红、邹月媚、彭慧丽,2013,《国际文化经济学:文化合作经济分析的理论框架》,《浙江学刊》第 3 期。

[26] 李怀亮,2013,《中国文化产业离国际市场有多远?》,《现代传播》(《中国传媒大学学报》) 第 11 期。

[27] 李嘉珊,2016,《国际文化贸易论》,中国商务出版社。

[28] 李嘉珊,2010,《破解中国对外文化贸易出口瓶颈的三个关键问题》,《国际贸易》第 12 期。

[29] 李嘉珊,2008,《文化贸易在自由竞争与多样性保护下的发展博弈》,《国际贸易》第 12 期。

[30] 李薇、李兆青,2010,《文化贸易与中国经济增长关系研究——基于 1996 年~2009 年时序数据的实证分析》,《价格月刊》第 11 期。

[31] 李小牧、李嘉珊,2007,《国际文化贸易:关于概念的综述和辨析》,《国际贸易》第 2 期。

[32] 李小牧、李嘉珊,2014,《中国文化贸易人才培养:实践、困境与展望》,《中国大学教学》第 11 期。

[33] 李小牧,2014,《国际文化贸易》,高等教育出版社。

[34] 李增福、刘万琪,2011,《我国文化产业对经济增长影响的实证研究》,《产经评论》第 5 期。

[35] 刘建华,2012,《论产业分工理论之于文化贸易的借鉴与局限》,《中国出版》第 20 期。

[36] 刘升东、蒋先玲,2012,《国际服务贸易:原理、政策与产业》,对外经济贸易大学出版社。

[37] 刘晓旭,2009,《论文化贸易中的比较优势》,《江西社会科学》第 2 期。

[38] 〔英〕露丝·陶斯,2016,《文化经济学》,周正兵译,东北财经大学出版社。

[39] 罗立彬、孙俊新,2013,《中国文化产品贸易与文化服务贸易竞争力:对比与趋势》,《财贸经济》第 2 期。

[40] 米宏伟,2012,《文化贸易全球化现状与特点》,《国际经济合作》第 12 期。

[41] 曲如晓、韩丽丽,2010,《中国文化商品贸易影响因素的实证研

究》,《中国软科学》第 11 期。

[42] 任花,2011,《我国影视业出口竞争力分析及对策研究》,硕士学位论文,湖南大学。

[43] 孙俊新,2013,《各国文化产业对外开放政策比较及启示》,《人民论坛》第 26 期。

[44] 孙妙凝,2012,《基于钻石模型的中国文化服务贸易竞争力分析》,《中国商贸》第 18 期。

[45] 〔澳〕塔尼亚·芙恩,2010,《文化产品与世界贸易组织》,裘安曼译,商务印书馆。

[46] 佟东,2016,《国际文化贸易》,经济管理出版社。

[47] 王海文,2016,《国际文化贸易大国的衡量维度与中国文化经济强国路探索》,《社会科学研究》第 5 期。

[48] 王海文,2015,《国际文化贸易繁荣背景下的我国文化保税研究》,中国商务出版社。

[49] 王海文,2010,《我国文化贸易产业基础构建的影响因素及路径分析》,《国际贸易》第 2 期。

[50] 王海文,2013,《我国文化企业"走出去":现状、问题及对策》,《理论探索》第 4 期。

[51] 王华、许和连、杨晶晶,2011,《出口、异质性与企业生产率——来自中国企业层面的证据》,《财经研究》第 6 期。

[52] 王婧,2015,《国际文化贸易》,清华大学出版社。

[53] 王宇航、于佳宾、徐宏幸,2018,《少数民族文化产业发展的路径探析》,《黑龙江民族丛刊》第 1 期。

[54] 魏鹏举,2017,《中国文化经济发展报告(2016~2017)》,经济管理出版社。

[55] 吴美菊,2012,《WTO 框架下中国文化服务贸易发展战略研究》,《世界贸易组织动态与研究》第 5 期。

[56] 向勇，2011，《面向2020，中国文化产业新十年》，金城出版社。

[57] 肖霞，2015，《文化亲近对双边贸易影响的比较研究》，硕士学位论文，浙江工业大学。

[58] 谢寿光，2008，《中俄出版合作的历史、现状与前景》，《出版发行研究》第8期。

[59] 邢启顺，2015，《西南民族文化贸易终端的问题及"走出去"路径透析》，《云南民族大学学报》（哲学社会科学版）第5期。

[60] 杨吉华，2008，《我国文化贸易逆差及其治理对策》，《上海市经济管理干部学院学报》第4期。

[61] 杨永忠、林明华，2015，《文化经济学——理论前沿与中国实践》，经济管理出版社。

[62] 余雄飞，2009，《影视服务贸易及文化贸易壁垒》，《法制与社会》第9期。

[63] 张斌、马斌、张剑渝，2012，《创意产业理论研究综述》，《经济学动态》第10期。

[64] 张宏伟，2011，《中国图书版权贸易影响因素测度研究——基于需求偏好相似理论的扩展和应用》，《出版科学》第2期。

[65] 张骞，2011，《国际服务贸易与国际文化服务贸易之辨析》，《江南大学学报》（人文社会科学版）第2期。

[66] 张杰、张帆、陈志远，2016，《出口与企业生产率关系的新检验：中国经验》，《世界经济》第6期。

[67] 张绍波、付伟，2015，《推动黑龙江省少数民族文化产业快速发展的对策探究》，《黑龙江民族丛刊》第5期。

[68] 张希坤，2013，《美国文化服务贸易发展及对中国的启示研究》，《对外经贸》第3期。

[69] 郑承军、龙吟、袁野，2016，《国际化背景下首都文化贸易竞争力提升研究》，中国商务出版社。

［70］周锦，2014，《民族文化与区域文化产业的融合发展研究》，《学术交流》第 11 期。

［71］周升起、兰珍先，2013，《中国文化贸易研究进展述评》，《国际贸易问题》第 1 期。

［72］朱文静、顾江，2010，《我国文化贸易的结构与竞争力之研究》，《国际商务》（《对外经济贸易大学学报》）第 4 期。

［73］Bourdieu, P. 1984. *Distinction*: *A Social Critique of the Judgement of Taste*. Cambridge: Harvard University Press.

［74］Brander, J. A., Spencer, B. J. 1985. "Export Subsidies and International Market Share Rivalry." *Journal of International Economics* 18: 83 – 100.

［75］Briilhart, M. 1994. "Marginal Intra-industry Trade: Measurement and Relevance for the Pattern of Industrial Adjustment." *Review of World Economics* 3: 600 – 613.

［76］Chow, G. C., Li, K. W. 2002. "China's Economic Growth: 1952 – 2010." *Economic Development and Cultural Change* 1: 247 – 256.

［77］Cindy, C., Michel, D. 2000. "Market opportunities: International Trade of Culture Goods and Services." *Focus on Culture* 12 (4).

［78］Colell, M. 1999. "Should Cultural Goods be Treated Differently?" *Journal of Cultural Economics* 23: 87 – 93.

［79］Dickey, D. A., Fuller, W. A. 1981. "Distribution of the Estimators for Autoregressive Time Series with a Unit Root." *Econometrica* 49: 1057 – 1072.

［80］Disdier, A. C., Head, K., Mayer, T. 2010. "Exposure to Foreign Media and Changes in Cultural Traits: Evidence from Naming Patterns in France." *Journal of International Economics* 2: 226 – 238.

［81］Dixit, A. K., Stiglitz, J. E. 1977. "Monopolistic Competition and

Optimal ProductDiversity." *American Economic Review* 67: 297 - 308.

[82] Eaton, B. C., Pendakur, K., Reed, C. G. 2000. *Socializing, Shared Experience and Popular Cultural.* Simon Fraser University, Department of Economics.

[83] Felbermayr, G. J., Toubal, F. 2010. "Cultural Proximity and Trade." *European Economic Review* 2: 279 - 293.

[84] Francois, P., Van, Y. T. 2002. "On the Protection of Cultural Goods." *Journal of International Economics* 2: 359 - 369.

[85] Gagne, G. 2011. "Free Trade and Cultural Policies: Evidence from three US Agreements." *Journal of World Trade* 6: 1267 - 1284.

[86] Grasstek, V. 2005. *Treatment of Cultural Goods and Services in International Trade Agrecmcnts.* New York: Oxford University Press.

[87] Hellmanzik, C., Schmitz, M. 2016. "The Impact of Cultural Exceptions: Audiovisual Services Trade and Trade Policy." *Applied Economics Letters* 10: 1 - 6.

[88] Helpman, E., Melitz, M., Rubinstein, Y. 2008. "Estimating Trade Flows: Trading Partners and Trading Volumcs." *The Quarterly Journal of Economics* 2: 441 - 487.

[89] Hoskins, C., Mirus, R. 1988. "Reasons for the US Dominance of the International Trade in Television Programmes." *Media Cultural & Society* 4: 499 - 504.

[90] Janeba, E. 2007. "International Trade and Consumption Network Extremalities." *European Economic Review* 4: 781 - 803.

[91] Johansen, S. 1988. "Statistical Analysis of Cointegration Vectors." *Journal of Economic Dynamics and Control* 12: 231 - 254.

[92] Kogut, B., Singh, H. 1988. "The Effect of National Culture on the Choice of Entrymodel." *Journal of International Business Studies* 3:

411 - 432.

[93] Krugman, P. 1991. "Increasing Returns and EconomicGeography." *Journal of Political Economy* 99: 483 - 499.

[94] Linder, S. 1961. "An Essay on Trade and Transformation." Wiley, New York.

[95] Marvasti, A., Canterbery E. 2005. "Cultural and other Barriers to Motion Picturestrade." *Economic Inquiry* 1: 39 - 54.

[96] Marvasti, A. 1994. "International Trade in Cultural Goods: A Cross-Sectional Analysis." *Journal of Cultural Economics* 2: 135 - 148.

[97] Melitz, J. 2008. "Language and Foreign Trade." *European Economic Review* 4: 667 - 699.

[98] Melitz, M. J. 2003. "The Impact of Trade on Intra-industry Reallocations and Aggregate Industry Productivity." *Econometrica* 6: 1695 - 1725.

[99] Olivier, J., Thoenig, M., Verdier, T. 2008. "Globalization and the Dynamics of Cultural Identity." *Journal of International Economics* 2: 356 - 370.

[100] Pfaff, B. 2008. "VAR, SVAR and SVEC Models: Implementation Within R Package Vars." *Journal of Statistical Software* 4: 1 - 32.

[101] Porter, M. E. 1990. *The Competitive Advantage of Nations*. New York: Free Press.

[102] Rauch, J. E., Trindade, V. 2009. "Neckties in the Tropics: A Model of International Trade and Cultural Diversity." *Canadian Journal of Economics* 3: 809 - 843.

[103] Rauch, J. E., Trindade, V. 2009. "Neckties in the Tropics: A Model of International Trade and Cultural Diversity." *Canadian Journal of Economics/Revue Canadienne D'economique* 3: 809 - 843.

[104] Romer, P. 1990. "Endogenous Technological Change." *Journal of Political Economy* 98: 71 – 102.

[105] Rose, A. K., Van, W. E. 2001. "National Money as a Barrier to International Trade: The Real Case for Currency Union." *American Economic Review* 4: 386 – 390.

[106] Sauve, P., Steinfatt, K. 2000. "Towards Multilateral Rules on Trade and Culture: Protective Regulation or Efficient Protection?" 13: 345 – 364.

[107] Schultz, T. 1961. "Investment in Human Capital." *The American Economic Review* 51: 1 – 17.

[108] Schulze, G. 1999. "International Trade in Art." *Journal of Cultural Economics* 2: 109 – 136.

[109] Singhl, J. P., Shilpa, A. 2007. "Sex Workers and Cultural Policy: Mapping the Issues and Actors in Thailand." *Review of Policy Research* 24: 155 – 173.

[110] Smith, T. 1999. "Value and Form: Formations of Value in Economics, Art and Architecture." Duke University: *Paper Presented to Conference on the Market and the Visual Arts*, 12 – 13.

[111] June, S. R. A. 1956. "Contribution to the Theory of Economic Growth." *The Quarterly Journal of Economics* 70: 65 – 94.

[112] Stiglitz, J. E. 2000. "Contribution of the Economics of Information to Twentieth Century Economics." *Quarterly Journal of Economics* 115: 1441 – 1478.

[113] Tharakan, P. K. M. 1984. "Intra-industry Trade between the Industrial Countries and the Developing World." *European Economic Review* 26: 213 – 227.

[114] Throsby, D. 2003. "Determining the Value of Cultural Goods: How

Much (or How Little) Does Contingent Valuation Tell Us?" *Journal of Cultural Economics* (3 - 4): 275 - 285.

[115] Towse, R. A. 2010. "Textbook of Cultural Economics." Cambridge: Cambridge University Press.

[116] UNCTAD. 2010. "Creative Economy Report 2010—Creative Economy: A Feasible Development Option." United Nations Conference on Trade and Development.

[117] UNESCO. 2005. "Defining and Capturing the Flows of Global Cultural Trade, International Flows of Selected Cultural Goods and Services 1994 - 2003." UNESCO Institute for Statistics, UNESCO Sector for Culture.

[118] UNESCO. 2011. The 2009 UNESCO Framework for Cultural Statistics (FCS). UNESCO Institute for Statistics, UNESCO Sector for Culture.

[119] UNESCO. 2016. The Globalization of Cultural Trade: A Shift in Consumption, International Flows of Selected Cultural Goods and Services 2004 - 2013. UNESCO Institute for Statistics, UNESCO Sector for Culture.

[120] Wagner, R. E., Weber, W. E. 1977. "Wagner's Law, Fiscal Institutions, and the Growth of Government." *National Tax Journal* 30: 59 - 68.

[121] Wildman, S., Siwek, S. E. 1988. "International Trade in Films and Television Programs." *American Enterprise Institute Publications* 12: 24 - 26.

[122] Zhu, C., Wan, G. 2012. "Rising Inequality in China and the Move to a Balanced Economy." *China World Economy* 20: 83 - 104.

附录 1
2017~2018 年度国家文化出口重点项目名单

2017~2018 年度国家文化出口重点项目公示名单		
序号	项目名称	企业名称
中央文化企业项目		
1	"天下华灯"嘉年华	中国对外文化集团公司
2	北京国际图书博览会	中国图书进出口（集团）总公司
3	易阅通海外平台	中国图书进出口（集团）总公司
4	斯里兰卡科伦坡莲花电视塔建设工程	中广电广播电影电视设计研究院
5	中央电视台国际视频发稿平台	央视国际视频通讯有限公司
6	中国类型优秀文学作品输出项目	中国教育图书进出口有限公司
7	当代科技前沿专著系列、Frontiers in China 系列英文学术期刊、体验汉语泰国中小学系列教材等出版物海外推广项目	高等教育出版社有限公司
8	澳门特区《品德与公民》教材合作出版	人民教育出版社有限公司
9	人民卫生出版社美国有限责任公司	人民卫生出版社有限公司
10	中国电视长城平台	中视国际传媒（北京）有限公司
11	中国人民大学出版社版权代理平台	中国人民大学出版社有限公司
12	日本株式会社树立社收购及运营	清华大学出版社
13	当代中国社科图书国际交流平台	社会科学文献出版社
14	北京语言大学出版社北美分社投资建设项目	北京语言大学出版社有限公司
15	关于数字报刊海外发行服务平台	中国国际图书贸易集团有限公司
16	中国文化产品跨境电商外贸出口服务平台	中国国际图书贸易集团有限公司
17	中国-南亚科技出版中心	上海交通大学出版社有限公司
18	"一带一路"国际出版示范平台	浙江大学出版社有限责任公司

附录1　2017~2018年度国家文化出口重点项目名单

续表

	北京市	
19	汉雅星空IPTV中华文化海外传播项目	汉雅星空文化科技有限公司
20	以海外中餐厅为突破点的智能传播平台	北京东方嘉禾文化发展股份有限公司
21	蓝海融媒体全球传播云平台	蓝海（北京）集团有限公司
22	面向"一带一路"的中国主流文化图书外文出版与推广项目	北京求是园文化传播有限公司
23	金树国际纪录片节	北京华韵尚德国际文化传播有限公司
24	非洲四国广播电视数字化整转和非洲十国信息系统服务项目	北京四达时代软件技术股份有限公司
25	非洲国家数字电视软件系统集成技术服务和信息系统服务项目	北京华非瑞克科技有限公司
26	中国影视剧译制配音及频道制作服务项目	北京四达时代传媒有限公司
27	英国普罗派乐卫视运营项目	西京文化传媒（北京）股份有限公司
28	ICN新媒体国际文化传播中心	俏佳人传媒股份有限公司
29	电视剧《那年花开月正圆》全球发行项目	华视娱乐投资集团股份有限公司
30	中国故事国际推广平台项目	北京时代华语国际传媒股份有限公司
31	人民天舟与Thames and Hudson合资公司项目	人民天舟（北京）出版有限公司
32	中国和南苏丹教育技术合作项目	中南安拓国际文化传媒（北京）有限公司
33	掌阅iReader海外项目	掌阅科技股份有限公司
34	四达时代非洲多国数字电视运营项目	四达时代通讯网络技术有限公司
35	蓝色光标全球营销渠道建设项目	北京蓝色光标品牌管理顾问股份有限公司
36	《一带一路大使访谈》暨一带一路影视文化贸易云平台	京祖文化传媒（北京）有限公司
	天津市	
37	基于4K分辨率的胶片修复项目及影视特效制作	灵然创智（天津）动画科技发展有限公司
38	海外全媒体发行运营平台	世纪优优（天津）文化传播股份有限公司
39	中国互联网电视海外传播项目	未来电视有限公司
40	动画片制作发行	优扬（天津）动漫文化传媒有限公司
41	《奇妙·多乐园》动画电视剧	天津画国人动漫创意有限公司
42	天津中新药业非物质文化遗产中医药出口项目	天津中新药业集团股份有限公司
	辽宁省	
43	大型杂技剧《熊猫——寻梦之旅》	沈阳杂技演艺集团有限公司

续表

	黑龙江省	
44	冰上杂技舞台艺术作品赴美国全境巡演推广	黑龙江省杂技团有限公司
45	冰上杂技秀《冰舞间》	黑龙江省冰尚杂技演艺制作有限公司
	上海市	
46	超时空大冒险	上海今日动画影视文化有限公司
47	国家对外文化贸易基地	上海东方汇文国际文化服务贸易有限公司
48	上海五岸传播有限公司与美国中文电视Sino-vision合作运营中文和英文项目	上海五岸传播有限公司
49	第一财经国际市场拓展及"一才全球"英文财经资讯项目	上海第一财经传媒有限公司
50	中国上海国际艺术节	中国上海国际艺术节中心
51	上海文化贸易语言服务基地	上海文策翻译有限公司
52	上海国际艺术品展示交易服务平台项目	上海自贸区国际文化投资发展有限公司
53	《三毛流浪记》海外发行	上海美术电影制片厂有限公司
54	肢体剧《白蛇传》海外演出	上海话剧艺术中心有限公司
55	赴阿联酋国庆45周年庆演出	上海鼓舞东方文化传播有限公司
	江苏省	
56	柬埔寨建立美术用品生产基地	无锡凤凰画材有限公司
57	建设南部非洲印务实训基地（一期）	江苏凤凰新华印务有限公司
58	智能化技术升级改造提升文化出口项目	江苏奇美乐器有限公司
59	原创模式《超级战队》海外输出项目	江苏广电国际传播有限公司
60	《你所不知道的中国》第三季国际合拍及主流媒体播出项目	江苏广电国际传播有限公司
61	美国PIL公司并购项目	江苏凤凰教育出版社有限公司
62	"丝竹华韵"民族音乐会项目	江苏女子民族乐团
	浙江省	
63	美盛拓展美国文化创意服务及产品营销项目	美盛文化创意股份有限公司
64	华剧场在"一带一路"沿线国家的推广	浙江华策影视股份有限公司
65	（美国）中南（网络）电视台（ZolandTV）	浙江中南卡通股份有限公司
66	吉尔吉斯斯坦视频点播网络项目	浙江金华邮电工程有限公司
67	中国风动漫影视创作基地	浙江特立宙动画影视有限公司
68	构建"一带一路"中国品牌世界行海外融合媒体	温州日报报业集团欧联传媒有限公司
69	电视剧《大玉儿传奇》	东阳长城影视传媒有限公司

附录1　2017～2018年度国家文化出口重点项目名单

续表

	浙江省	
70	口袋森林	杭州蒸汽工场文化创意有限公司
	安徽省	
71	中华文化南亚综合推广平台	时代出版传媒股份有限公司
72	新加坡来买网	安徽省新龙图贸易进出口有限公司
73	"一带一路"童书互译工程	安徽少年儿童出版社
74	中国文房四宝	安徽银娟影视传媒有限公司
	福建省	
75	中国（福建）图书展销会	福建省出版对外贸易有限责任公司
	山东省	
76	尼山书屋"走出去"工程	山东友谊出版社有限公司
77	儒家经典童话故事	枣庄漫博通动画制作有限公司
78	中国优秀电视节目输出渠道建设项目	山东广电网络有限公司
79	《五色奇玉记》	山东广电传媒集团有限公司
	河南省	
80	比什凯克中原文化交流中心项目	河南省新华书店发行集团有限公司
81	北美训演基地布兰森大剧院项目展销会	河南省杂技集团有限公司
82	520集《我是发明家》大型原创系列动画电视剧	河南约克动漫影视股份有限公司
	湖北省	
83	黄梅挑花	黄梅挑花工艺有限公司
84	国际影视文化译制服务平台	语联网（武汉）信息技术有限公司
	湖南省	
85	原创动漫品牌"一带一路"沿线国家文化输出与运营	湖南山猫吉咪传媒股份有限公司
86	"纯粹中国"国际演艺品牌打造及全球巡演计划	湖南省演艺集团有限责任公司
	广东省	
87	实用广绣出口	佛山市顺德区富德工艺品有限公司
88	中国（广州）国际纪录片节	广州环球瑞都文化传播有限公司
	广西壮族自治区	
89	"一带一路"动漫内容输出链式营销发行服务	南宁峰值文化传播有限公司
90	动漫影视《白头叶猴之嘉猴壮壮》	广西中视嘉猴影视传媒投资有限责任公司
91	3D动画片《海上丝路之南珠宝宝》	广西阔迩登文化传媒有限公司

续表

	重庆市	
92	梦舟少年志海外推广	重庆享弘股份有限公司
	四川省	
93	柬埔寨吴哥窟,中国四川文化产业园——《梦幻吴哥》伦塔爱文化旅游可持续发展项目	域上和美集团
94	美国海天国际有限公司"中国彩灯文化传播推广项目"	自贡海天文化股份有限公司
95	南亚出版中心	新华文轩出版传媒股份有限公司
	贵州省	
96	《多彩贵州风》	多彩贵州文化艺术股份有限公司
	云南省	
97	面向南亚、东南亚DTMB传播覆盖一期项目	云南无线数字电视文化传媒有限公司
98	老挝北部（国标）数字电视传输网投资运营项目	云南南数传媒有限公司
99	昆明新知（泰国）有限公司海外运营	昆明新知集团有限公司
100	《云南映象》和《十面埋伏》海外巡演项目	云南杨丽萍文化传播股份有限公司
101	新民族布艺开发及运营体系建设	昆明憨夯民间手工艺品有限公司
102	《吴哥的微笑》驻柬埔寨大型旅游晚会	云南演艺集团有限公司
103	云南-东南亚南亚翻译配音影视基地建设项目	云南皇威传媒有限公司
104	云南七彩美伊民族工艺品生产营销基地项目	昆明难看工艺礼品厂
	西藏自治区	
105	《尺尊公主》喜马拉雅文化旅游创新发展项目	拉萨市和美布达拉文化创意产业发展有限公司
	青海省	
106	尼泊尔臧秀产业园建设项目	海南州布绣嘎玛民族工艺品有限责任公司
	青岛市	
107	日本渡边淳一文学馆海外运营项目	青岛出版集团有限公司
	宁波市	
108	"梦非远，行已至"VISICO专业影视器材全球推广项目	余姚索普电子科技有限公司

附录2

《文化及相关产业分类》新旧对照表

代码			《文化及相关产业分类（2018）》类别名称	国民经济行业分类代码（2017）	《文化及相关产业分类（2012）》类别名称	国民经济行业分类代码（2011）	简要说明
大类	中类	小类					
01			文化核心领域				
	011		新闻信息服务				
		0110	新闻业	8610	新闻业	8510	
	012		报纸信息服务				
		0120	报纸出版	8622	报纸出版	8522	
	013		广播电视信息服务				
		0131	广播	8710	广播	8610	内容变更，原8610部分内容调出
		0132	电视	8720	电视	8620	内容变更，原8620部分内容调出

121

续表

代码 大类	代码 中类	代码 小类	《文化及相关产业分类(2018)》类别名称	国民经济行业分类代码(2017)	《文化及相关产业分类(2012)》类别名称	国民经济行业分类代码(2011)	简要说明
		0133	广播电视集成播控	8740			增加，原8610、8620部分内容调到此类
	014		互联网信息服务				
		0141	互联网搜索服务	6421	互联网信息服务	6420	增加，原6420分解
		0142	互联网其他信息服务	6429	互联网信息服务	6420	
02			内容创作生产				
	021		出版服务				
		0211	图书出版	8621	图书出版	8521	
		0212	期刊出版	8623	期刊出版	8523	
		0213	音像制品出版	8624	音像制品出版	8524	
		0214	电子出版物出版	8625	电子出版物出版	8525	
		0215	数字出版	8626	其他出版业	8529	增加，原8529部分内容调到此类
		0216	其他出版业	8629	其他出版业	8529	内容变更，原8529部分内容调出
	022		广播影视节目制作				
		0221	影视节目制作	8730	电影和影视节目制作	8630	更名
		0222	录音制作	8770	录音制作	8660	
	023		创作表演服务				
		0231	文艺创作与表演	8810	文艺创作与表演	8710	

附录2 《文化及相关产业分类》新旧对照表

续表

代码			《文化及相关产业分类（2018）》类别名称	国民经济行业分类代码（2017）	《文化及相关产业分类（2012）》类别名称	国民经济行业分类代码（2011）	简要说明
大类	中类	小类					
		0232	群众文体活动	8870	群众文化活动	8770	更名
		0233	其他文化艺术业	8890	其他文化艺术业	8790	
	024		数字内容服务				
		0241	动漫、游戏数字内容服务	6572	数字内容服务*	6591	原6591分解，取消*标识
		0242	互联网游戏服务	6422	互联网信息服务	6420	增加，原6420分解
		0243	多媒体、游戏动漫和数字出版软件开发	6513*	软件开发	6510	原6510分解，保留*标识
		0244	增值电信文化服务	6319*	其他电信服务	6319	新增*标识
		0245	其他文化数字内容服务	6579*	数字内容服务*	6591	增加，原6591分解
	025		内容保存服务				
		0251	图书馆	8831	图书馆	8731	
		0252	档案馆	8832	档案馆	8732	
		0253	文物及非物质文化遗产保护	8840	文物及非物质文化遗产保护	8740	
		0254	博物馆	8850	博物馆	8750	
		0255	烈士陵园、纪念馆	8860	烈士陵园、纪念馆	8760	
	026		工艺美术品制造				
		0261	雕塑工艺品制造	2431	雕塑工艺品制造	2431	
		0262	金属工艺品制造	2432	金属工艺品制造	2432	

123

续表

代码 大类 / 中类 / 小类	《文化及相关产业分类(2018)》类别名称	国民经济行业分类代码(2017)	《文化及相关产业(2012)》类别名称	国民经济行业分类代码(2011)	简要说明
0263	漆器工艺品制造	2433	漆器工艺品制造	2433	
0264	花画工艺品制造	2434	花画工艺品制造	2434	
0265	天然植物纤维编织工艺品制造	2435	天然植物纤维编织工艺品制造	2435	
0266	抽纱刺绣工艺品制造	2436	抽纱刺绣工艺品制造	2436	
0267	地毯、挂毯制造	2437	地毯、挂毯制造	2437	
0268	珠宝首饰及有关物品制造	2438	珠宝首饰及有关物品制造	2438	
0269	其他工艺美术及礼仪用品制造	2439	其他工艺美术品制造	2439	更名
027	艺术陶瓷制造				
0271	陈设艺术陶瓷制造	3075	园林、陈设艺术及其他陶瓷制品制造*	3079	原3079分解，取消*标识
0272	园艺陶瓷制造	3076	园林、陈设艺术及其他陶瓷制品制造*	3079	增加，原3079分解
03	创意设计服务				
031	广告服务				
0311	互联网广告服务	7251	广告业	7240	原7240分解
0312	其他广告服务	7259	广告业	7240	增加，原7240分解
032	设计服务				
0321	建筑设计服务	7484*	工程勘察设计*	7482	原7482分解，保留*标识
0322	工业设计服务	7491	专业化设计服务	7491	增加，原7491分解

附录2 《文化及相关产业分类》新旧对照表

续表

代码			《文化及相关产业分类(2018)》类别名称	国民经济行业分类代码(2017)	《文化及相关产业分类(2012)》类别名称	国民经济行业分类代码(2011)	简要说明
大类	中类	小类					
		0323	专业设计服务	7492	专业化设计服务	7491	
04			文化传播渠道				
	041		出版物发行				
		0411	图书批发	5143	图书批发	5143	
		0412	报刊批发	5144	报刊批发	5144	
		0413	音像制品、电子和数字出版物批发	5145	音像制品及电子出版物批发	5145	
		0414	图书、报刊零售	5243	图书、报刊零售	5243	更名
		0415	音像制品、电子和数字出版物零售	5244	音像制品及电子出版物零售	5244	更名
		0416	图书出租	7124	图书出租	7122	
		0417	音像制品出租	7125	音像制品出租	7123	
	042		广播电视节目传输				
		0421	有线广播电视传输服务	6321	有线广播电视传输服务	6321	
		0422	无线广播电视传输服务	6322	无线广播电视传输服务	6322	
		0423	广播电视卫星传输服务	6331	卫星传输服务*	6330	原6330分解，取消*标识
	043		广播影视发行放映				
		0431	电影和广播电视节目发行	8750	电影和影视节目发行	8640	更名
		0432	电影放映	8760	电影放映	8650	

125

续表

代码			《文化及相关产业分类(2018)》类别名称	国民经济行业分类代码(2017)	《文化及相关产业(2012)》分类类别名称	国民经济行业分类代码(2011)	简要说明
大类	中类	小类					
	044		艺术表演		艺术表演场馆	8720	
		0440	艺术表演场馆	8820			
	045		互联网文化娱乐平台				
		0450	互联网文化娱乐平台	6432*			新增,带*行业
	046		艺术品拍卖及代理				
		0461	艺术品、收藏品拍卖	5183	拍卖*	5182	原5182分解,取消*标识
		0462	艺术品代理	5184			新增
	047		工艺美术品销售				
		0471	首饰、工艺及收藏品批发	5146	首饰、工艺及收藏品批发	5146	
		0472	珠宝首饰零售	5245	珠宝首饰零售	5245	
		0473	工艺美术品及收藏品零售	5246	工艺美术品零售	5246	
05			文化投资运营				
	051		投资与资产管理				
		0510	文化投资与资产管理	7212*			新增,带*行业
	052		运营管理				
		0521	文化企业总部管理	7211*			新增,带*行业
		0522	文化产业园区管理	7221*			新增,带*行业
06			文化娱乐休闲服务				
	061		娱乐服务				

附录 2 《文化及相关产业分类》新旧对照表

续表

代码			《文化及相关产业分类(2018)》类别名称	国民经济行业分类代码(2017)	《文化及相关产业分类(2012)》类别名称	国民经济行业分类代码(2011)	简要说明
大类	中类	小类					
		0611	歌舞厅娱乐活动	9011	歌舞厅娱乐活动	8911	
		0612	电子游艺厅娱乐活动	9012	电子游艺厅娱乐活动	8912	
		0613	网吧活动	9013	网吧活动	8913	
		0614	其他室内娱乐活动	9019	其他室内娱乐活动	8919	
		0615	游乐园	9020	游乐园	8920	
		0616	其他娱乐业	9090	其他娱乐业	8990	内容变更，原8990部分内容调出
	062		景区游览服务				
		0621	城市公园管理	7850	公园管理	7851	更名
		0622	名胜风景区管理	7861	游览景区管理	7852	原7852分解
		0623	森林公园管理	7862	游览景区管理	7852	增加，原7852分解
		0624	其他游览景区管理	7869	游览景区管理	7852	增加，原7852分解
		0625	自然遗迹保护管理	7712			新增
		0626	动物园、水族馆管理服务	7715	野生动物保护*	7712	原7712分解，取消*标识
		0627	植物园管理服务	7716	野生植物保护*	7713	原7713分解，取消*标识
	063		休闲观光游览服务				
		0631	休闲观光活动	9030	其他娱乐业	8990	增加，原8990部分内容调到比类
		0632	观光游览航空服务	5622			新增

127

续表

代码			《文化及相关产业分类(2018)》类别名称	国民经济行业分类代码(2017)	《文化及相关产业分类(2012)》类别名称	国民经济行业分类代码(2011)	简要说明
大类	中类	小类					
07			文化相关领域				
	071		文化辅助生产和中介服务				
		0711	文化用机制纸及纸板制造	2221*	机制纸及纸板制造*	2221	
		0712	手工纸制造	2222	手工纸制造	2222	
		0713	油墨及类似产品制造	2642	油墨及类似产品制造	2642	
		0714	工艺美术颜料制造	2644	颜料制造*	2643	原2643分解,取消*标识
		0715	文化用信息化学品制造	2664	信息化学品制造*	2664	原2664分解,取消*标识
	072		印刷复制服务				
		0721	书、报刊印刷	2311	书、报刊印刷	2311	
		0722	本册印制	2312	本册印制	2312	
		0723	包装装潢及其他印刷	2319	包装装潢及其他印刷	2319	
		0724	装订及印刷相关服务	2320	装订及印刷相关服务	2320	
		0725	记录媒介复制	2330	记录媒介复制	2330	
		0726	摄影扩印服务	8060	摄影扩印服务	7492	
	073		版权服务				
		0730	版权和文化软件服务	7520*	知识产权服务*	7250	
	074		会议展览服务				
		0740	会议、展览及相关服务	7281-7284 7289	会议及展览服务	7292	原7292分解成5个行业小类

128

附录2 《文化及相关产业分类》新旧对照表

续表

代码 大类	中类	小类	《文化及相关产业分类(2018)》类别名称	国民经济行业分类代码(2017)	《文化及相关产业分类(2012)》类别名称	国民经济行业分类代码(2011)	简要说明
	075		文化经纪代理服务				
		0751	文化活动服务	9051	其他未列明商务服务业*	7299	原7299部分内容调到此类，取消*标识
		0752	文化娱乐经纪人	9053	文化娱乐经纪人	8941	
		0753	其他文化艺术经纪代理	9059	其他文化艺术经纪代理	8949	
		0754	婚庆典礼服务	8070*			新增，常*行业
		0755	文化贸易代理服务	5181*	贸易代理*	5181	
		0756	票务代理服务	7298	其他未列明商务服务业*	7299	增加，原7121部分内容调到此类
	076		文化设备(用品)出租服务				
		0761	休闲娱乐用品设备出租	7121	娱乐及体育设备出租	7121	原7121分解，取消*标识
		0762	文化用品设备出租	7123			新增
	077		文化科研培训服务				
		0771	社会人文科学研究	7350	社会人文科学研究	7350	
		0772	学术理论社会(文化)团体	9521*	专业性团体(的服务)*	9421	
		0773	文化艺术培训	8393	文化艺术培训	8293	
		0774	文化艺术辅导	8399*	其他未列明教育*	8299	
08			文化装备生产				
	081		印刷设备制造				

129

续表

代码			《文化及相关产业分类(2018)》类别名称	国民经济行业分类代码(2017)	《文化及相关产业分类(2012)》类别名称	国民经济行业分类代码(2011)	简要说明
大类	中类	小类					
		0811	印刷专用设备制造	3542	印刷专用设备制造	3542	
		0812	复印和胶印设备制造	3474	复印和胶印设备制造	3474	
	082		广播电视电影节目制作及发射设备销售				
		0821	广播电视节目制作及发射设备制造	3931	广播电视节目制作及发射设备制造	3931	
		0822	广播电视接收设备制造	3932	广播电视接收设备及器材制造	3932	原3932分解
		0823	广播电视专用配件制造	3933	广播电视接收设备及器材制造	3932	增加, 原3932分解
		0824	专业音响设备及器材制造	3934			增加, 原3932分解
		0825	应用电视及其他广播电视设备制造	3939	应用电视及其他广播电视设备制造	3939	
		0826	广播影视设备批发	5178	通讯及广播电视设备批发*	5178	原5178分解, 取消*标识
		0827	电影机械制造	3471	电影机械制造	3471	
	083		摄录设备制造及销售				
		0831	影视录放设备制造	3953	影视录放设备制造	3953	
		0832	娱乐用智能无人飞行器制造	3963*			新增, 带*行业
		0833	幻灯及投影设备制造	3472	幻灯及投影设备制造	3472	
		0834	照相机及器材制造	3473	照相机及器材制造	3473	
		0835	照相器材零售	5248	照相器材零售	5248	
084			演艺设备制造及销售				

130

附录2 《文化及相关产业分类》新旧对照表

续表

代码			《文化及相关产业分类(2018)》类别名称	国民经济行业分类代码(2017)	《文化及相关产业分类(2012)》类别名称	国民经济行业分类代码(2011)	简要说明
大类	中类	小类					
		0841	舞台及场地用灯制造	3873	照明灯具制造*	3872	原3872分解,取消*标识
		0842	舞台照明设备批发	5175*	电气设备批发	5176	
	085		游乐游艺设备制造				
		0851	露天游乐场所游乐设备制造	2461	露天游乐场所游乐设备制造	2461	
		0852	游艺用品及室内游艺器材制造	2462	游艺用品及室内游艺器材制造	2462	
		0853	其他娱乐用品制造	2469	其他娱乐用品制造	2469	
	086		乐器制造及销售				
		0861	中乐器制造	2421	中乐器制造	2421	
		0862	西乐器制造	2422	西乐器制造	2422	
		0863	电子乐器制造	2423	电子乐器制造	2423	
		0864	其他乐器及零件制造	2429	其他乐器及零件制造	2429	
		0865	乐器批发	5147	其他文化娱乐用品批发	5149	增加,原5149部分内容调到此类
		0866	乐器零售	5247	乐器零售	5247	
09			文化消费终端生产				
	091		文具制造及销售				
		0911	文具制造	2411	文具制造	2411	
		0912	文具用品批发	5141	文具用品批发	5141	
		0913	文具用品零售	5241	文具用品零售	5241	

续表

代码 大类	中类	小类	《文化及相关产业分类(2018)》类别名称	国民经济行业分类代码(2017)	《文化及相关产业分类(2012)》类别名称	国民经济行业分类代码(2011)	简要说明
	092		笔墨制造				
		0921	笔的制造	2412	笔的制造	2412	
		0922	墨水、墨汁制造	2414	墨水、墨汁制造	2414	
	093		玩具制造				
		0930	玩具制造	2451–2456 2459	玩具制造	2450	原2450分解成7个行业小类
	094		节庆用品制造				
		0940	焰火、鞭炮产品制造	2672	焰火、鞭炮产品制造	2672	
	095		信息服务终端制造及销售				
		0951	电视机制造	3951	电视机制造	3951	
		0952	音响设备制造	3952	音响设备制造	3952	
		0953	可穿戴智能文化设备制造	3961*	其他电子设备制造*	3990	新增,带*行业。原3990分解,删除*行业
		0954	其他智能文化消费设备制造	3969*			新增,带*行业
		0955	家用视听设备批发	5137	家用电器批发	5137	原5137分解,取消*标识
		0956	家用视听设备零售	5271	家用电器零售	5271	
		0957	其他文化用品批发	5149	其他文化用品批发	5149	内容变更,原5149部分内容调出
		0958	其他文化用品零售	5249	其他文化用品零售	5249	

后　记

本书能够顺利出版，首先要感谢我的博士后合作导师李小牧教授和谢寿光编审。博士后两年在站时间很短，但是两位导师渊博的学识、严谨的治学态度和宽广的胸怀，以及对我学习和生活上的无私帮助和指导，使我终生难忘，在此真心地感谢两位导师对我的悉心培养。

感谢北京第二外国语学院的李嘉珊教授、王海文教授，吉林大学经济学院的丁一兵教授，社会科学文献出版社皮书研究院蔡继辉院长，各位老师在授课和学术上都给予了我极大的帮助，使我受益匪浅。

感谢上海师范大学何云峰教授、重庆工商大学赵骅教授、北京第二外国语学院经济学院孙俊新副教授、深圳大学经济学院杨文副教授，各位师长和前辈都对我博士后报告提出了宝贵意见，在此表示衷心的感谢。

还要感谢所有这两年中关心我、鼓励我的家人与同事，是你们的支持让我在学术的世界扬帆起航。同时，两年的博士后学习期间，也发现自己要提升的空间还很大，我会继续加强学习，做好自己的本职工作，为祖国的教育事业做出更多的贡献。

最后，感谢北京第二外国语学院出版基金的资助，以及社会科学文献出版社各位编辑老师的辛勤付出。

北京第二外国语学院经济学院　程相宾

图书在版编目(CIP)数据

中国文化贸易的经济学解释研究/程相宾著. -- 北京：社会科学文献出版社，2020.3
 ISBN 978-7-5201-6187-9

Ⅰ.①中… Ⅱ.①程… Ⅲ.①文化产业-国际贸易-研究-中国 Ⅳ.①G124

中国版本图书馆CIP数据核字(2020)第026278号

中国文化贸易的经济学解释研究

著　　者 / 程相宾

出 版 人 / 谢寿光
责任编辑 / 张　萍
文稿编辑 / 单远举

出　　版 / 社会科学文献出版社·当代世界出版分社（010）59367004
　　　　　　地址：北京市北三环中路甲29号院华龙大厦　邮编：100029
　　　　　　网址：www.ssap.com.cn

发　　行 / 市场营销中心（010）59367081　59367083
印　　装 / 三河市尚艺印装有限公司

规　　格 / 开　本：787mm×1092mm　1/16
　　　　　　印　张：8.75　字　数：121千字
版　　次 / 2020年3月第1版　2020年3月第1次印刷
书　　号 / ISBN 978-7-5201-6187-9
定　　价 / 98.00元

本书如有印装质量问题，请与读者服务中心（010-59367028）联系

▲ 版权所有 翻印必究